恶搞

反叛与颠覆

subculture

曾一果 著

苏州大学出版社

图书在版编目(CIP)数据

恶搞：反叛与颠覆 / 曾一果著. —苏州：苏州大学出版社，2012.5
（新媒介与青年亚文化 / 马中红主编）
ISBN 978-7-5672-0026-5

Ⅰ.①恶… Ⅱ.①曾… Ⅲ.①青年—亚文化—研究 Ⅳ.①C913.5

中国版本图书馆 CIP 数据核字(2012)第 070706 号

恶搞 反叛与颠覆

著　　者　曾一果
丛书策划　沈海牧　李寿春
责任编辑　沈海牧
装帧设计　吴　钰
出版发行　苏州大学出版社
地　　址　苏州市十梓街 1 号
邮　　编　215006
电　　话　0512-65225020　65222617(传真)
网　　址　http://www.sudapress.com
印　　刷　南通印刷总厂有限公司
开　　本　700 mm×1 000 mm　1/16　印张 13.25　字数 164 千
版　　次　2012 年 5 月第 1 版
　　　　　2012 年 5 月第 1 次印刷
书　　号　ISBN 978-7-5672-0026-5
定　　价　28.00 元

总序

青年亚文化作为一种普遍而又独特的文化现象，是人类社会文化结构中必然的不可或缺的组成部分。相对于主流文化，青年一代的文化以其青春性、多变性和挑战性的特性有别于位居社会主体的成人文化；而相对于基本认同主流价值的青年文化，青年亚文化则具有非主流、边缘性的“亚”文化或“次”文化特征。事实上，青年亚文化是一种世界性的青春文化现象，就其实质而言，它所反映的是成人世界与青春世界、父辈一代与子一代之间那种永恒的矛盾和张力关系。尽管在不同的时空语境下，这对关系往往以不同的方式表现出来，譬如反抗、冲突、偏离、协商、另类，等等，但是，它所呈现的那种青春期的迷惘、矛盾、寻觅冲动以及身份认同的困扰始终是青年亚文化的历史宿命，无论社会的意识形态如何统一和强大，这类青年亚文化或多或少总会以某些方式表现出来。

在中国现代文化史上，诸如“五四”青年文化运动、“一二·九”风暴，甚至红卫兵运动，都在一定程度和某个侧面显现了那个时代的青年亚文化症候。但就整体而言，一直到 20 世纪 80 年代之前，现代中国的青年文化更多的还是以认同和追随主流文化、成人文化的方式出现，那种典型的具有世界普遍性的青年亚文化现象并不突出。但是，伴随着改革开放和中国与世界文化的接轨，在短短 30 年的时间里，中国青年亚文化发生了巨大变化，时至今日，已经成了当代中国青年文化的重要组成部分。

如果说，20 世纪 80 年代初的青年亚文化从备受压制到浮出地表，在传统的媒介语境中以各种个性化的另类形象出现和发展，并得到社会的理解和宽容，主要是得益于经济体制转轨和思想解放运动，那么，进入 21 世纪的今天，青年亚文化的发展则在很大程度上有赖于以互联网为标志的信息技术革命，是突飞猛进的科学技术对青年日常生活的渗透和全球化的必然结果。如今，80 年代形成的第一波青年亚文化族群/类型已成为追忆中的昔日辉煌，而新媒介支持下的今日青年亚文化才刚刚拉开序幕。但令人震撼的是，新媒介对当今青年亚文化的影响，无论是在力度上还是在广度上都已远远超出了媒介技术的层面，进而关涉到当代中国青年亚文化特质的变异及其走向，故而特别引人瞩目。

一

从文化赖以生存的媒介和技术环境方面看，当下以互联网为核心的新媒介对社会文化生态的全方位渗透，开始明显地推动今日中国的整体文化向着开放、民主和文化多元的方向转变，同时整体文化的存在形态也在向“数字化生存”方向转向。新媒介不仅为传统文化类型的“转型”提供了广阔的空间，而且催生了一系列新的文化类型，其中，青年亚文化是最为突出的景观。当各种各样的“客”，例如博客、播客、闪客、换客等轮番上场，当各种“社区”“论坛”喧闹于网上，当 IM(即时通信工具)、SNS(社交网络服务)、微博备受青睐，当网上购物成为风潮，当“搜索”“自拍”“黑客”等所有这些网络技术和文化实践成为青年亚文化习以为常的社会参与及其表达方式时，青年群体正在演绎和展示着的，是一个完全不同于以往的“虚拟现实”。可以这么说，网络媒介为中国当代各种青年亚文化的外来接受，本土生成发展和迅速传播提供了前所未有的开放式、无边界、多媒介的物理空间和相对平等、自由、开放的精神空间。如今,新媒介已经成了中国青年亚文化生长的肥沃良田和迅猛扩张的异度空间,成为新型青年亚文化传播的利器和青年一代寻找志同道合者、建构文化族群和部落的文化场域。

网络媒介的全面立体覆盖、低廉成本及使用的便捷,使中国大量青年群体的日常行为和生活方式与网络媒介牢固地绑定在一起,网络成为了他们的“良师益友”和“亲密伙伴”,有的甚至发展到须臾不能离开。一项由美国互联网公司 IAC(Inter Active Corp)和智威汤逊(J. Walter Thompson)广告公司合作,用双语进行的调查研究发现,与美国青年相比较,中国青年更依赖于数字技术,有 80%的中国青年认为数字技术是自己生活的必要组成部分,其中 42%的人觉得自己“上网成瘾”,而美国青年中持这种想法的则分别为 68%和 18%。与此同时,该调查还发现,网络在中国青年人的社会生活和情感世界中扮演着极为重要的角色。77%的受访者说,他们通过网络交友;54%的人表示他们曾经通过网络即时信息进行约会;63%的人认为,两个人即使永不见面,也可能在网络上建立起真实的关系。而在美国青年人中,相信网络情感真实性的只占 21%。这一新的媒介语境及生存方式,的确为社会转型时代的中国青年亚文化的创建和发展提供了一个全新的生存空间和表现舞台,中国青年亚文化在经历了“文革”时期的“地下活动”和改革之初的“地表活动”之后,终于被媒介技术的推手带入了“无限活动”的新阶段。当下,青年亚文化作为被互联网率先激活的文化类型,已借助新媒介全方位启动了自身的文化建设,并且情不自禁地成为文化与技术深度联姻的实验产品。

而从青年亚文化自身的交流系统来看,一方面,新媒介正在历史性地改写着青年亚文化与主流文化之间的关系;另一方面,新媒介对青年亚文化构成要素的技术重组和创建，催生了新型的表达方式。

以伯明翰学派为代表的传统青年亚文化理论基本上是先验地预设了青年亚文化对主流文化的抵抗性和依存性的双重特性。譬如，科恩对伦敦东区工人阶级子弟的研究揭示，青年亚文化对工人阶级母体文化表现出表面的拒绝或反抗，却又有内在的依存和继承。威利斯对嬉皮士青年亚文化的研究表明，青年亚文化与中产阶级文化之间始终存在一种"结构性对立关系"。克拉克依据对特迪文化的深入研究也发现，"亚文化作为一种非官方的文化形式，拼贴所产生的亚文化风格的意义就必然处于和统治阶级意识形态相对立的地位"。诸如此类的"抵抗"观和"依存"观诞生于前互联网时代，研究的是现实世界中的青年亚文化实践活动，而以此观点来观照和解读新媒介时代的青年亚文化，难免捉襟见肘，力不从心。新媒介时代的青年亚文化，往往更长于表征似乎完全属于自我化或虚拟化的感性世界，而不是公然地"抵抗"现实间存在的文化形态，更不愿意与父辈或权威文化发生正面的"冲突"；它们不仅抹去了横亘在主流和非主流之间的森严界限，隔断了主体与现实之间的人文关注，而且有时候还经常颠倒真实与虚拟的逻辑关系，将真实虚拟化、虚拟真实化。

我们必须意识到的是，出生并成长于网络时代的青少年群体，天生就与网络、手机等新媒介结缘，他们通过新媒介接受的信息和文化远远多于传统主流渠道，如大众传播媒介、学校教育、父辈传承。传统主流渠道对他们精神成长的影响或许将日趋式微。与此同时，他们通过琳琅满目的新技术和新媒介产品，如 iPad、智能手机、微博、社交网络、视频分享网站、在线游戏等，畅通地传递着自己创造的文化，在信息传播、交友、玩耍和自我表达的世界中追求自治与认同。于是，青年亚文化的实践活动最终成为一种自我宣泄、自我表现、自我满足的技术方式和文化意义，网络媒介的开放性、无中心性消解了现实世界中权威、主流、父辈等对青年加以掌控的可能性，或者说，网络媒介为青年亚文化的生成、发展提供了最为自由、宽松的逃避主流文化压抑的“庇护所”。

在青年亚文化构成要素的技术重组和创建方面，网络媒介以“数据”“图像”“多媒介视频”的技术特质为基础，创建了一个互动、复制、仿真和拟像的世界，一个全然不同于以往的世界。正如鲍德里亚所言，在模型、符码、符号建构的类像世界里，模型和真实之间的差别被销蚀，形象与真实之间的界限被内爆，人们从前对真实的那种体验以及真实的基础也一起宣告消失。新媒介的技术特征正在将众多非自然的、非真实的事项、文化和意义成分引入赛博空间，并且运用超文本或者超媒介的技术，为青年亚文化与外部现实世界的断裂创造出了一种“自然”的表现空间，遮蔽了人与现实真实关系的呈现，促成了青年亚文化表达方式的图像化转型。如此，即使在中国这样一个传统文化与现代、后现代多元文化并存的国度里，人与其创造出来的各种社会文化意蕴之间，也同样不再是传统媒介时代那种明晰的主客关联关系，或文化符号与现实世界的直接对应关系了，而是更多地通过图像符号的表征系统去消解原有的话语体系，用多媒介符号去解构既存的文化类型和文化理念。

在这种社会和技术语境条件下，中国当代青年亚文化便以空前活跃的姿态走上了网络空间的前台，而使传统意义上的青年亚文化类型迅速移位于后台，蜕变成了所谓前新媒介时代的过气文化遗存。如果说，新媒介、新技术果真如麦克卢汉所说的那样“构成了社会机体的集体大手术”，那么，毫无疑问，青年群体是这种大手术的率先操刀者。他们张开双臂，热情扑向新媒介，并借助新媒介、新技术来创造出属于自身的新的文化样式，青年亚文化在以互联网为基础的新媒介的激发下，正在如火如荼地燃烧。

二

以互联网为主体的新媒介对青年亚文化发展的影响力比此前几乎所有的媒介都要广泛、深刻和迅捷得多——这不仅包括影响到青年亚文化的多样性和传播方式，也包括它所提供的亚文化文本的存在形式和功能模式，还有亚文化生存、生长的整个生态环境和文化语境，这些都促成了青年亚文化的盛行。

首先，借助网络媒介的快速成长和迅捷普及，青年亚文化已经从相对封闭的“小众团体”走向开放的“普泛化”的整体青年社会。以计算机网络为代表的数字媒介，从开发之初就预设了兼容和平权的机制，技术的“傻瓜化”强化了“网络世界人人平等”的可操控性，而友好的计算机界面和人性化的网络空间，模糊了现实社会中身份、性别、收入、学历所带来的多重差异，最大限度地吸纳青少年群体的加入，激发了社会不同阶层青年群体参与文化创造的热情，从而让亚文化从传统的另类、小团体模式中突围而出，成为青年群体共同参与、共同分享的文化。与此同时，网络、手机等新媒介的普及以及信息资费的低廉化趋势，冲破了青少年使用新媒介的经济壁垒，更提供了亚文化生产、传播和共享的“普泛化”和“即时性”的媒介工具。

这里所谓由“小众”走向“普泛”，其实质就是使青年亚文化的话语权回归青年本体，尤其是将青年的媒介话语权交还给青年阶层。长期以来，青年是被基于成人价值观和世界观所建构的成人文化话语来强行描述，而不是由青年自己的语言来编码的。比如，芝加哥学派关注的工人阶级青年亚文化，伯明翰学派聚焦的中产阶级青年亚文化，以及对中国 20 世纪 80 年代以来的摇滚和地下纪录片的研究等，这些青年亚文化的研究，尽管也突出了青少年边缘化的问题，但由于研究者基本上是来自于中产阶级的成人学者，因此，他们难免将青少年群体传奇化，并且忽略那些真正意义上的“普通孩子”，从而使青年亚文化生产和传播被不同程度地圈定在某个阶层或者某个文化小圈子之内。同时，由这些成人学者的话语出发，青年亚文化往往被贴上类似这样的流行标签：主流派、非主流派、危险人物，等等。然而，网络技术传播重构的新公共空间却能够向几乎所有的青年群体，甚至向游离于亚文化圈子之外的青年人群开启，从而确立了青年亚文化的普泛化存在和传播。尽管目前网络青年群体基本上还囿于“都市青年”“知识青年”，但也不乏“低知分子”和“打工族”，可以说，网络媒介青年亚文化的普泛化趋势是青年亚文化的一大进步，也是青年群体文化创造力的一次解放。这种由青年群体广泛参与的青年亚文化的意义，还在于它削弱了传统媒介镜像下和主流意识形态话语中关于青年亚文化的“道德恐慌”评价和“妖魔化”的叙述，也溢出了基于意识形态对抗和阶级斗争理论而对青年亚文化的界说和肯定，它们在更大的程度上是通过新媒介技术而自我界定、自我指涉并直接呈现，从而具有更多属于青年亚文化主体的言说权利。而这一事实当然也“逼迫”着青年亚文化主体言说之外的亚文化理论进行调适和修正。

其次，青年群体通过熟谙地使用新的媒介技术为自身赢得了更为广阔和自由的“书写”空间。比如，网络媒介所特有的虚拟性和匿名性，就为青年亚文化提供了表达的自由通路，而自由表达则始终是青年亚文化得以生产和传播的基本前提，它可以使青年据此克服青春期的怯弱、羞涩、拘谨和不成熟忧虑，不忌惮来自成人世界的监视和压抑，充分自由地去表达自我。毫无疑问，是新媒介为青年亚文化插上了自由的翅膀，为亚文化充分地享受自由、表达自由提供了无人可阻挡的强劲动力和安全表达平台。

再次，青年亚文化通过新媒介技术的多媒介、多兼容、多互动的诸种特性，突破了传统亚文化风格的表达惯例，获得了更自如的、多样化的表达方式，从而形成了独特的青年亚文化风格。在新媒介中，那些新的技术呈现和表达方式，比如，媒介由语言文字符号、声音符号和影像符号向综合的数字符号转变，致使文化的表达突破了对单一媒介的依赖，实现了青年亚文化表征符号的“脱胎换骨”。传统意义上亚文化的“符号”，主要体现在青年们的衣着方式、独特的言行风格以及所喜欢的音乐类型等方面。如赫伯迪格笔下的朋克族，“额上的卷发和皮夹克、小羊皮软底男鞋和尖头皮鞋、橡胶底帆布鞋和帕卡雨衣、摩登族的平头和光头仔的步伐、紧身瘦腿和色彩鲜艳的袜子、紧身短夹克和笨重的街斗钉靴，这乱糟糟的一切物体能够既‘各就各位’，又显得‘不合时宜’，这多亏有了惊世骇俗的黏合剂——安全别针与塑料衣、既令人畏惧又让人着迷的缚皮带与绳索”。而当下的青年亚文化主体却压根并不希冀借助这些出格的外在“行头”来表达亚文化的“风格”和意义，他们更青睐于使用网络媒介所带来的新技术手段和技术装置去表情达意，而将真实的主体形象以匿名的方式掩藏在赛博空间里。除了通过风格化的音乐表达自我外，更多的技术和手段随着网络媒介的发展被不断开发和利用，如 Flash 动画、在线游戏、动态相册、多媒介视频软件以及 MSN、QQ 等在线聊天工具、Twitter 和微博、搜索技术等。掌握这些技术的青年人不再拘泥于某一种表达方式，而是杂糅了文字、图像、影像、声音等多媒介手段，轻松自如地参与到亚文化的生产和传播中。

最后，与上一点密切相关的是，青年亚文化的文化类型也迅疾由单一走向多元，致使基于网络新媒介技术的青年亚文化类型层出不穷、此消彼长。当下，网络媒介上盛行的自拍文化、恶搞文化、迷文化、搜索文化、黑客文化、御宅族文化、游戏文化、同人女文化、Cosplay 文化等，无不寄生于网络，活跃于网络。而掌握了新媒介技术的一代青年人甚至以网络技术为“武器”，在自我与成人世界之间筑起一道自我保护的“高墙”。这种通过技术壁垒逃避和主动隔绝主流意识形态以及成人世界的文化钳制，在虚拟“高墙”之内演绎别样人生的青年文化态势，只有在网络技术时代才得以成为现实。

另外，新媒介的发展也促成了青年亚文化传播方式的根本改变。其中最突出的，是由单向传播转换成多向交互式传播，由滞后性传播转换成即时性传播，除此之外，青年亚文化实践活动和文本内容的便捷上传、下载和在线生成，传播者和受众角色的合成及互为转换，虚拟空间与现实社会的互动聚合，均从物质、时间、空间、技术等多方面突破了原有的社会和技术性藩篱，真正在青年亚文化中间实现了几乎是无障碍的传播。

三

毫无疑问，上述新媒介语境下形成的青年亚文化的存在和传播方式，已经赋予青年亚文化崭新的文化实践意义，其中，最典型的莫过于青年亚文化“抵抗”精神的弱化乃至失落，以及亚文化自身多样化与娱乐化、全球化与消费主义的特质，这些导致青年亚文化步入极具后现代特征的“后亚文化”时代。

一如鲍德里亚、利奥塔、哈维等声称的那样，后现代文化的一个重要特征是资本在全球范围内更深层次的渗透和均质化。这些过程同时也产生了更进一步的文化碎裂、时空经验的改变以及经验、主体性和文化的新形式。换言之，网络媒介的无深度感、暂时性、分裂性和全球化特征，促使在其基础上生成和传播的青年亚文化不再可能抵抗任何单一的政治体系、主流阶级和成年文化，他们甚至不同程度地弱化了这一文化的某些“抵抗”的特质。因此，如果依然在反抗/抵抗的层面上去认识网络媒介下的青年亚文化，便显得圆凿方枘、扞格不通了，因为我们所处的世界早已发生“裂变”，二元对立和某一主流文化始终居高临下的观念也已被多元文化观念所取代。

我们看到，新媒介语境中的青年亚文化特质，在传统的“阶级”和“年龄”之外，其可变因素也呈现出空前的多元性和复杂性，诸如身体、性别、种族、民族、时尚、图像等关键词，不断进入当代青年亚文化的内核和意义场域。也就是说，新媒介催生出的青年亚文化已经不再单单囿于某种风格鲜明而固化的文化类型，相反，许多特征明显不同的青年亚文化类型共时性地陆续呈现，甚至此起彼伏，随着时间的流逝，它们不断出现、繁盛，进而消失，终而复始，生生不息。青年人也不再仅仅将自己执着地归属于某一种亚文化类型，他们经常从一种亚文化类型转向另一种亚文化类型，或者同时属于几种亚文化类型，实际上建立起了法国社会学家米歇尔·马菲索里所说的“新部落”，即社会群体之间的识别不再依赖于阶层、性别和宗教等传统的结构因素，消费方式成为个人创造当代社交以及小规模社会群体的新形式，“新部落没有我们熟悉的组织形式的硬性标准，它更多地是指一种气氛，一种意识状态，并且是通过促进外貌和‘形式’的生活方式来完美呈现的”。这种新社交方式鼓励个人以不同的角色、性别、身份自由地参与多个流动的、临时的、分散的而非固定的部落，从而在部落之间动态地、灵活地定位自我。

事实上，不同阶层、教育、社会环境中的青年人总是分属于各种明显不同的群体，他们在观念、价值观和意识形态上都有着极大的差异性、多样性和异质性。恰如有着中国和加拿大双重血统的学者卢克所指出的，在后现代时期成长的青年，“大约要经历 16 到 18 个不同的世界……这就像是在不同文本的海洋里航行一样。每一个文本都试图将你定位、出卖你、定义你”，这样的青年亚文化样本和青年亚文化族群，在网络媒介时代，不仅出现在传统的亚文化音乐生产中，也频繁出现在听觉和视觉技术，譬如电影、影像、电视、数码、广告、流行文化中，所有这些媒介生产及其产品都渗透和塑造了青年亚文化的面貌，从而勾勒出“万花筒”般的青年亚文化面貌，正如默克罗比所评述的那样，“对表层的关注越来越彰显，意义被炫示为一种有意为之的表层现象”。

在这样的情境下，“抵抗”既模糊了着力的对象，也失去了明确的方向，娱乐的特性则得以放大。网络文学由“寓教于乐”转向“自娱娱人”，网络视频聚焦重心由“艺术作品”转向“现场直录”，网络语言由“精致合规”转向“生造逗乐”，网络图像被技术率性 PS，甚至，一切传统、经典、权威、主流的话语、作品和表达都面临随时被颠覆和解构的命运。一代青年对待权威的方式并不是公然抵抗和反对，而是采用拼贴、戏仿、揶揄、反讽的手段对其尽情调侃和讥刺，同时获取自我愉悦和狂欢。恶搞亚文化是最典型的范例，而其他在新媒介平台上活跃的文化类型，也无不充满着这种自娱自乐和无厘头的色彩。尽管这种娱乐化的过程往往不可避免地指向空洞和无意义，但是，我们必须看到，其对所谓主流、经典、权威的解构，依然凸显出文化心理的意义向度，那就是释放激情、缓解焦虑、宣泄不满、寻找自我以及个体和群体身份的认同。也因此，或可以说，新媒介语境下的亚文化在弱化了抵抗色彩和精神的同时，将抵抗的意义稀释于娱乐化的表达之中。

新媒介语境下的青年亚文化除了具有弱化抵抗、多元发展自身文化和偏重娱乐化的特质外，还显现出向全球化与消费主义妥协的趋向。贝斯利认为，处在晚期资本主义之后的后工业化社会中，有两大特征影响青年亚文化的生长和传播，“一是被跨国公司而不是被单一国家影响和主导的消费社会，另一个是被信息技术、媒介和服务行业而不是被旧制造业赋予特征的全球化社会”。众多跨国组织，包括微软、苹果、可口可乐、时代华纳等跨国企业，世界银行、联合国等国际政府组织以及绿色和平等非政府组织(NGOs)都在带动全球化进程，使诸如全球市场、商品化、消费、互联网、国际时装等日渐互相关联，甚至可能转向全球通用。与此同时，多元文化之间的差别和冲突在全球化进程中非但没有被抹平，相反，其因为交流的便利而变得愈益突出。然而，明显悖论的是，被企业控制的新媒介技术同时为弱势群体和个人提供了成本低廉、方便易得的传播场所，给了他们表达自己声音的极大机会。在网络新媒介世界中，谷歌、百度、MSN，QQ，Twitter，人人网、豆瓣、优酷在全球资本、商业利益和中国经济市场化、开放化的驱动下，为持有一台电脑及上网设备的或拥有一台联网手机的所有青少年人群提供了原创或传播自身文化信息的可能。同时，众多跨国企业还处心积虑地将青年群体视为最完美的消费者，他们从市场缝隙、人口和心理特征、生活方式等全方位地对青少年加以细分，如叛逆者、“80后”、“90后”、网购族、冲浪迷、背包族等，并着眼于这些团体成员的多重文化身份、欲望需求及购买能力，有预谋地、积极地去培养他们特定的消费习惯和价值观念，从而建构起庞大的青少年消费市场。

今天的青少年更多是通过消费和市场层面而不是传统渠道，如家庭、组织、学校来发现他们的身份和价值。其中，最典型的莫过于跨国公司在他们持续不断的广告运动中将消费身份和消费观念以各种炫目的手法植入青少年的认知和价值观中，从而消弭青年人在种族、阶级和性别上的区别，取而代之以时尚的风格、新的性别角色、新的认同、新的文化实践、新的家庭格局和新的社会团体，等等。事实上，今天的青年亚文化通过互联网络等新媒介的确能够更容易地了解外部文化，全球化的趋势也模糊了他们建立在不同国家、阶层、地域乃至性别基础上的青年亚文化特征。如果无视这一变化，我们将很难深入而准确地把握当今青年亚文化的本质。

四

新媒介技术促成的当代青年亚文化的盛行，意味着青年亚文化身份的“与时俱进”。但需要继续追问的是，新媒介语境中的青年亚文化能否真正延伸成为与主流文化交相辉映、互生互长的文化类型？新的青年亚文化能否为全社会的文化整合、文化调节与文化优化提供良性因子，从而有助于社会在追求民主、和谐中健康前行？

在某种意义上，青年亚文化似乎总是作为社会主流文化中的一种不和谐音而为世人感知，作为一种偏离常规的乱象而令世人侧目。新媒介语境下的青年亚文化也是如此，它每每引发社会的“道德恐慌”，它往往印证着“娱乐至死”的担忧，它总是以个人主义的张狂稀释着各种集体性的凝聚力，它还可能在疏离、越轨、颠覆的行为中，破坏规范，陷入意义的虚无……所有这些，昭示着文化的断裂、社会的失序，也呼唤着文化的调整。但是，所有这些如果仅仅将其作为对青年亚文化的指控，那便忽略了一个富有积极意义的观察视角——将青年亚文化置于文化整体构成及其变迁之中加以观察。

一个显而易见的媒介文化图景是，新媒介点对点传播、传受互动乃至传受合一的特性，都可能使同质青年亚文化的呈现强度加大加密，又使不同类型青年亚文化之间的交流、相融、再生更加便利。如此，多样化的青年亚文化不但丰富了新媒介自身的信息内容，也促使传统媒介和主流文化无法忽视网络上众多的亚文化实践及其文化符号和文化意义。事实上，网络虚拟空间中的青年亚文化实践活动正在成为传统媒介跟踪、聚焦、报道的重要内容。青年亚文化已经陆续登堂入室，进入主流媒介视野，引发主流媒介关注。仅以近两年为例，人肉搜索、网络雷词、山寨春晚、贾君鹏事件、犀利哥等亚文化现象，无不是经由传统媒介介入传播后成为影响整个社会的文化事件。同时，这些亚文化事件得以传播，也拓宽了传统主流媒介的传播口径，从而拓展了主流文化关于民主和宽容的理念。

不仅如此，新媒介语境下的青年亚文化实践，可能激发对主流文化的重新审视，丰富其内蕴，甚至促成新的文化整合。年轻人出于对动漫、游戏和卡通的痴迷，自制道具和服装，扮演自己喜爱的人物。这本是一种私下的个体的娱乐活动，随着国家产业结构的调整，文化创意产业被提上议事日程，Cosplay 也因此被整合进动漫产业链中，成为重要的内容之一。可以说，新媒介为青年亚文化新的生存方式提供了可能，它们既在网络世界兴盛并影响主流媒介、主流社会、主流人群乃至主流意识形态，同时，也在与主流媒介和主流文化的协调整合中进入主流，壮大自身。更进一步而言，这实际上涉及未来文化的可能性，即青年亚文化为文化的未来发展提供最初的动力、灵感和实验。现在我们可以说，个人计算机的使用绝对是一种主流的技术文化，但是，许多人恐怕忘了，这一计算机文化却是肇始于乔布斯等人当年充满理想色彩的黑客亚文化实践。

正是在这样的意义上，自 2005 年起，我们高度而密切地关注新媒介语境下产生的一系列青年亚文化现象，并在 2008 年国家社科基金立项的基础上，对此展开全方位的理论和文化实践类型研究。本套丛书所收录的“迷”“恶搞”“黑客”“御宅”“拍客”“网游”及“Cosplay”仅是青年亚文化中最为活跃、影响颇大的几种类型而已，不足以代表所有的青年亚文化，但借此研究我们希望唤起主流社会和大众媒介、传播和文化研究的学者乃至全社会的高度重视，希望大家能抱着平等而非俯视、理解而非误解、尊重而非排斥的态度，与青年成为朋友，真正洞察他们之后，再因势利导，而非先入为主，树敌在先。青年是未来，谁赢得青年，谁就赢得未来。与此同时，我们也渴望这些亚文化实践的主体人群能从我们的研究中有所得益，能透过好玩、消遣、娱乐的表象，认识到自身的文化实践对于自我、群体以及社会的意义和影响，从而保持源源不断的创造性和先锋性，以青年群体特有的方式，积极构建与主流文化的沟通和对话，为我们这个时代的文化创造和转型提供更多元的文化资源，为开放的文化生态贡献力量。

本丛书发起之初即得到苏州大学出版社原总编辑、现任清华大学出版社总编辑吴培华先生的高度重视，他参与了提纲讨论、书名斟酌、初稿审议等多次会议，为尚处于边缘状态的青年亚文化研究提供了良好的平台。丛书得以顺利进行，还得到苏州大学出版社副总编辑沈海牧先生和项目负责人李寿春女士的鼎力支持，他们以编者和读者的双重视野不厌其烦地审读书稿，提出了良多宝贵的修订意见。

本丛书编撰过程中，我们还在研究生和本科生中发起、组织了围绕“新媒介与青年亚文化”的两个系列学术活动，即“亚文化沙龙”和“读书部落”，在《苏州日报》开设每月一版的“塔影对话”。这些活动得到了年轻学子和社会公众的热情回应。他们中的一部分人积极地参与了课题调研和资料收集，协助编撰者做了许多基础工作，并贡献了自身作为这些亚文化实践参与者的体验和认知，帮助我们走近了青年亚文化活动的主体人群，他们的热诚和对本丛书的厚望令人动力倍增。

在我们参加相关的学术会议时，“新媒介与青年亚文化”课题研究和本丛书得到了学界诸多前辈和同仁的支持，首都师范大学陶东风先生和胡疆峰博士、浙江大学吴飞先生、北京师范大学蒋原伦先生、华东师范大学陆扬先生等都给予了无私的鼓励、帮助和指点，使我们获益良多。

希望本丛书的出版能引起学界对媒介与青年亚文化研究的更多关注，使这一领域结出更丰硕的成果。

马中红

于苏州独墅湖畔

目录

“今天，你恶搞了吗？”“恶搞”一词从日本传入，在今天，大概是最流行的网络词汇之一。恶搞的日文叫“KuSo”，是日本电子游戏中的一种“次文化”，意思是认真地“玩烂游戏”，是年轻电玩家所做的事情。后来这种电子游戏的“次文化”传到了中国台湾地区、香港地区，然后又传到了祖国大陆，在青年人中流行。而到了新媒介时代，恶搞的风气愈演愈烈。对此，有人欢喜有人愁。

今天，你恶搞了吗？

2006年年初，一段名叫《一个馒头引发的血案》的恶搞视频在网络上蹿红，开启了大陆网络恶搞视频的先河。在此之前，网络上已经有不少恶搞性的文字、图片和视频。《一个馒头引发的血案》出来之后，网络上的恶搞现象就更加普遍了，今天人们随便打开一个网站，都可以看到无数恶搞文字、图片或者视频。恶搞文化的泛滥当然与人类媒介的技术发展有很大关系，每一次媒介技术的更新与变革，其实也是一场文化的变革，从古代的印刷文明，到今天发达的网络，人类的文化形态发生了翻天覆地的变化。今天随处可见的恶搞文化，便是新媒体技术的“产儿”。

今天，你恶搞了吗？

“今天，你恶搞了吗？”这是近几年来在网络上流行的一句话。下面就是笔者以“今天，你有没有恶搞”为题，与几位朋友闲聊时，得到的一些回答。

“当然干过一些恶作剧的事，在4月1日愚人节那天，在同学的背后贴一张纸条。当时就是觉得好玩，其实也没有什么。愚人节来了，总要找点事情，让大家都乐一乐，没事偷着乐吧！其实这也是一种抒发压抑的方法。今天到处都是恶搞现象，我个人觉得这反映了现代人的浮躁心理吧。不过，恶搞也是借助于现代的传播手段被放大了。”

“我和几个同学倒是做过一个恶搞的视频，这是上周老师的课时，周老师布置的作业。当时，索性就用一个恶搞的形式搞笑一下，当然，也是为了标新立异，引起别人的关注而已。”

“对于这个时代，我真的很失望，似乎所有的人都在恶搞，我周围的同学似乎都没有什么信仰，我自己也没有什么信仰，可心里总觉得缺少了点什么，感觉哪里不对劲，但让我说哪里不对劲，说实话，我也不大说得出来，但每天看网上那么多的恶搞，我也真的不太喜欢。”

“恶搞？恶搞过啊。我觉得恶搞是一种抵抗行为，一种迂回、偷袭式的激进表达，其中暗含非常丰富的话语智慧，尤其在我们国家，每一种激进的表达都涉及修辞技巧的问题，同时，恶搞的核心基质依然是破坏性的，其政治抵抗力往往是有限的、不完整的，而且其致力于制造公共围观，娱乐性大于政治性，玩玩而已。在政治层面可能兑换不了什么，但往往能转化为眼球时代所需要的某种象征性利润，最终往往很难在社会行动方面产生动员作用，其宿命就是被另一种围观所驱赶，或者被某种商业的、政治的话语所收编。”

从这几句话可以看出，“恶搞”这个词语在今天大家已经不陌生，特别是在当今的网络社会，恶搞几乎成了年轻人的“口头禅”。每个人，无论是什么样的人，似乎也都有过恶搞。当然，每个人的恶搞程度是不同的，有些人只是简单地逗乐，还谈不上恶搞，有一些仅仅是“搞怪”或者“恶作剧”，是一般意义上的恶搞，而有一些恶搞则很典型，就是用滑稽、反讽和嘲笑等方式去看待某种事物。百度百科这样定义恶搞：“恶搞文化又称为 KuSo 文化，正式名称是恶意搞笑。由日本的游戏界传入中国台湾地区，成为台湾地区 BBS 网络上一种特殊的文化。然后，这种新文化再经由网络传到香港地区，继而传到祖国大陆。恶搞，现在更多的人的理解一般为：用滑稽、搞笑等方式表达自己心里对某些事物的看法。”〔1〕

对于今天随处可见的恶搞，当然，不同的人有不同的看法，如上面的这几位朋友都是年轻人，主要是大学生，也有“80 后”出生的年轻学者，他们对于恶搞的观念存在很大差异，这种差异

〔1〕 http://baike.baidu.com/view/4337.htm.

当然和他们的出身、教育和人生经历有关。但不管如何看待恶搞，这些人都提到了两点:(1) 恶搞现象已经很普遍，不必大惊小怪。(2) 恶搞现象是新媒介的产物。尽管人类很早就有各种恶作剧行为，但是恶搞作为一种普遍现象，却是和今天的技术发展，也就是和网络时代有着密切关系。没有网络这些现代传播手段，恶搞不会得到如此广泛的关注。

网络社会的崛起

以电脑为代表的网络新媒介被人们普遍认为创造了一个与过去完全不同的“新世界”，这个世界正日益繁荣，从方方面面、角角落落，迅速而全面地改变着整个世界。不仅改变了人类的外部世界，而且也改变了人类的思想和精神。有人认为，日益繁荣的网络将使传统的历史观念、地理意识和权力结构统统终结。

网络新媒介的日益繁荣，对当代文化产生的影响是巨大的，各种各样新型的文化形态、工作方式和消费观念的出现都与新媒介有关。从聊天社区、QQ、MSN，再到博客、微博、播客，没有新媒介技术和手段的不断涌现，就不可能有这些文化形态。以至有学者认为，当今时代，媒介不再仅仅是文化的一种载体，媒介本身就是“文化”。斯诺说:“在当代社会，公众往往接受媒体所呈现的社会现实，因此，当代文化实际上就成了‘媒体文化’。”道格拉斯·凯尔纳也说，当代文化就是“媒体文化”:“不过，在某种意义上说，媒体文化又是当今的主导文化;它代替了精英文化的诸种形式而成为文化注意力的中心，并对很多人产生影响。同时，媒体文化的视觉与口头形式正在排挤书籍文化。更有甚者，媒体文化已经成了社会化的主导力量，它以图像和名流代替了家庭、学校和教堂作为趣味、价值和思维的仲裁者的地位，制造新的认同榜样以引人共鸣的风格、时尚和行为的形象等。”[1]

凯尔纳强调在当今时代，形形色色的媒介已经从各个方面主宰着我们的认识，如果我们不了解丰富多变的媒介本身，也就无法了解各种各样形态的“当代文化”。他认为，人们日常生活中的很多想法来自于媒介，媒介成为了我们好或不好、积极或消极、道德或邪恶等判断的标准。

为了弄清楚网络等新媒介对于人类的影响，美国社会学家曼纽尔·卡斯特写下了一本皇皇巨著——《网络社会的崛起》。在这本书里，他仔细考察了媒介技术的变革对于人类文明的重大影响。他强调，在今天以互联网新媒介为代表的技术贯穿于人类的生活与心灵更胜于以往，“我们个人与集体存在的所有过程都直接受到新技术媒介的塑造”。20 世纪 90 年代，卡斯特甚至已经预测了微博、博客等社交工具将会改变人类的交往模式。他特别指出：“通过‘超文本’(Hypertext)和‘后设语言’(Meta-Language)的形构，历史上首度将人类沟通的书写、口语和视听模态整合到一个系统里。通过人脑两端，也就是机械与社会脉络之间的崭新互动，人类心灵的不同向度重新结合起来。”[2]

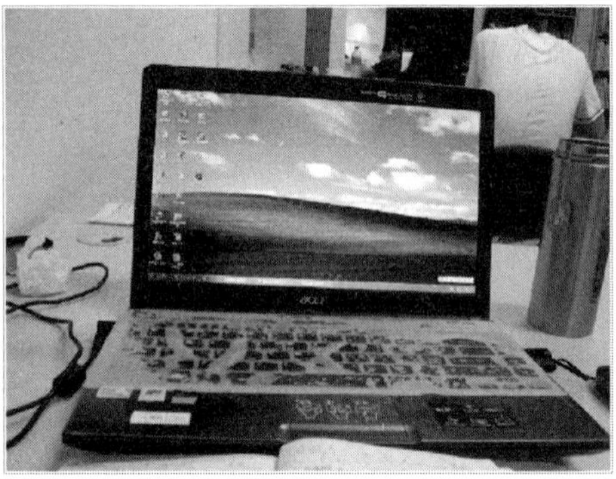

计算机是一个新时代的媒介工具

通过手机短信、电子邮件或者网络聊天、视频等方法与朋友联系，这在过去是难以想象的事情，在今天这些已变成人类生活的一个部分，发达的

[1] 道格拉斯·凯尔纳. 媒体文化. 丁宁，译. 北京：商务印书馆，2004：31.

[2] 曼纽尔·卡斯特. 网络社会的崛起. 夏铸九，王志弘，译. 北京：社会科学文献出版社，2001：406—407.

网络新媒介让这一切变成了现实。这一切又深刻地影响了人们的精神世界，网络制造的“新时空”动摇了传统的时空观念，过去那些被认为通过日常经验完全可以把握的“现实世界”现在变得捉摸不定，因为在网络空间中出现了另外一个“时空”，尽管相对传统的“现实世界”，人们经常将网络上的时间和空间称为“虚拟现实”，但这个“虚拟现实”并不完全“虚幻”，人们可以在网络上进行购物、聊天、交友、生活、工作和消费，日常生活中所有能做的事情，在今天的网络世界中似乎都能完成，这个世界对许多人而言也是一个“现实世界”，特别是对许多年轻人而言。

当然，许多人在担心新媒介对于当代文化的影响，后面要提到的那些在青少年群体中流行的恶搞、自拍等新媒介文化现象，被一些人看成是洪水猛兽。他们认为，这些文化降低了整个社会的文化和道德水准，引发了社会文化的生存危机。例如，在网络上流行的“一夜情”就严重触犯了人们根深蒂固的婚姻和性爱观念。社会也经常将某些青少年的犯罪行为归咎于受到了网络的影响，这些青少年之所以犯罪，通常被认为是因为沉溺于网络上的色情文字、图片或视频。

其实，大众媒体的道德恐慌并不是肇始于网络新媒介时代，报纸、电影和电视这些大众媒介发展的最初几年，社会上也总是弥漫着一种“道德恐慌”。1915 年美国最高法院的判决和 1916 年英国全国公共道德委员会的报告曾把电影表演看做是损害社会道德的“邪恶力量”。20 世纪 40 年代，许多英国人还特别担心美国好莱坞电影的流行妨碍了英国传统的生活方式。20 世纪 80 年代，中国香港、台湾地区的流行音乐、电影和录像输入到祖国大陆时，曾引起一片恐慌。

也有不少学者将网络新媒介看成是一种“解放的媒介”，认为它为大众的自由和解放提供了更大的空间，距离和时间的概念在这里得到了消弭，距离遥遥、无法相见的人们在这里见面了，大众可以在这里实现更多的愿望。电影、电视和报纸这些传统媒介往往被认为是由权力精英控制，大众被动地接受媒介所提供的观点；而新媒介却给大众更多表达和创造的自由，大众可以随时随地将自己的所见所闻、所思所想，通过文字、图像和视频等方式发表在博客、社区论坛和微博上，并能很快地让别人分享他的见闻和想法。所以，不少人认为，新媒介将大众转化为了积极的、有创造性的“专业消费者”，技术使得自由、平等和民主真正得到实现。不过，大卫·莫利提醒大众不要过分夸大新媒介技术的作用：

> 经常会有人声称，由于新媒介提供了技术工具，提供了消费者的选择范围，因此具有解放的性质。但是我们要对自由市场的意识形态所宣传的传播技术的“授权”范围持谨慎态度。我们不能把“敲击电脑”选择菜单这样的相对较微小的行为等同于权力的运作。与那些构建菜单、确定软件系统的体制相比，消费者从早已设定好的菜单中进行选择的能力已然受到权力形式的极大限制。[1]

他强调，还没有多少证据表明传统的媒介形式和文化形态受到了多大冲击，因为即使“最新的技术也可被用于最传统的目的”，今天世界上流行的“传统热”与媒介的推波助澜也密不可分。文森特·莫斯可也站在一种批判的立场上告诫人们，那种相信赛博空间正带来历史、地理和政治终结的观点实际上并不可靠，因为历史上已经发生过无数次的终结，网络时代其实并没有创造一个新时代，传统的历史、地理和政治或许都没有终结：

---

[1] 大卫·莫利．媒介理论、文化消费与技术变化．文艺研究，2011(4)：104.

“惊人的是，人们所认为的被历史所取代的事物，没有一个真正地消失了。一切古老的、落后的形式都准备再度出现，就像深入肌肤的病毒一样，完整无缺，永远存在。”[1]

网络恶作剧者

但不管怎样，我们要承认，在今天，网络新媒介的繁荣确实创造了一个不同以往的“新世界”。这个新世界出现了许多新的文化形态和文化类型，像恶搞、自拍、腐女、同人、一夜情等都与网络有关，虽然其中不少文化形态在新媒介出现之前已经出现过。例如，恶搞这种文化自古有之。在新媒介出现之前，它便在精英艺术、日常生活和街头文化中经常出现，无论中外，城市街道和墙壁上经常会有一些带有恶搞性质的涂鸦文化，表达一种抗争主题。在日常生活中，人们也经常会通过一种恶搞来挑战权威。费斯克甚至将在商场闲逛、游荡而不实质性地购物的年轻人，特别是女性，看成是大众文化对抗文化工业的一种聪明手段：“恶作剧和诡计是弱者的艺术，这使他们得以利用他们对这种体系规则的理解，并将其转化为自己的优势。”[2]在艺术领域中，马塞尔·杜尚等一些先锋艺术家曾用一种恶搞的手法对待古典艺术，对达芬奇的名作《蒙娜丽莎》进行颠覆性的“恶搞”：蒙娜丽莎从一个绝美的女性形象转变为一个有胡子的男性形象。通过这一“易容”，达芬奇的经典作品被解构、颠覆和恶搞。

不过，在过去，恶搞并非随处可见。首先，经典艺术的地位很少因为恶搞受到影响，但在今天的网络时代里，恶搞的文化现

〔1〕 文森特·莫斯可. 数字化崇拜：迷思、权力和赛博空间. 黄典林，译. 曹进，校. 北京：北京大学出版社，2010：79.

〔2〕 约翰·费斯克. 理解大众文化，解读大众文化. 杨全强，译. 南京：南京大学出版社，2001：48.

象遍地开花，从普通市民到政治和文化精英，从流行文化到经典名著，任何一个都可能成为恶搞的对象；其次，恶搞者也日益从艺术家等少数精英阶层扩大到普通大众，过去恶搞经常是作为先锋艺术家针对昔日权威的一种艺术反叛行为而出现的，大众很少参与，也缺乏参与的途径。但在今天恶搞不再局限于少数艺术精英，大部分恶搞文化的作品出自无名大众之手，尤其是生活在都市的年轻群体。他们运用娴熟的网络新媒介技术，创造了令人眼花缭乱的恶搞文字、视频和图像，许多恶搞的文字、图像和视频都显示了大众丰富的创造力与广泛的参与性；他们用恶搞颠覆了过去的政治、文化和艺术神话。莫斯可站在肯定的立场上这样看待互联网上的恶作剧者(Trickster)：

> 由于恶作剧精灵的存在，迷思变得生动起来。这些破坏者跨越边界，撼动公认的现实，参与反叛或者一心二用，主张模棱两可、矛盾、冲突和悖论。他们不讲道德但却充满魅力，他或她(性别通常是模糊不清的)诉诸我们可能达到但却不能达到的状态，因为我们紧紧扎根于被界定好的社会和文化规则之中。恶作剧者是一位向导，尤其可以帮助我们找到走出生活迷宫的道路，但同时，他也指引我们走向潜藏于人类生活表层之下的文化和生成性的力量。从希腊人的赫尔墨斯到西非人的雷格巴……恶作剧者将分离的世界连接起来，有时是通过信息的传递，但有时，当彼此隔绝的时候，则是通过利用所需的谎言来打破隔阂(Hyde，1998)。[1]

〔1〕 文森特·莫斯可．数字化崇拜：迷思、权力和赛博空间．黄典林，译．曹进，校．北京：北京大学出版社，2010：43.

与德塞图、费斯克一样，莫斯可强调恶作剧者对特权世界的抵抗意义，认为恶作剧者的价值在于打破了文化和社会的疆界，黑客利用高超的媒介技术冲破了统治阶层的媒介监禁和控制，自由出入那些被少数人掌控的领域，这在莫斯可看来是一种普罗米修斯式的英雄行为，“把被法律和社会规范所分隔的世界连接了起来”。黑客的自由出入让统治阶层与外界本来严格的疆界变得模糊，在他们的引领下，大众得以有机会进入本无法进入的领域，“天才的电脑爱好者们为了拓展信息高速公路而工作，让更多的人，尤其是那些贫穷的和需要帮助的人能够进入互联网，并在这一过程中，通过拓展对话的范围和深度，使赛博空间充满生机”。

当然，被莫斯可高度赞美的网络恶作剧者主要是活跃在网络空间中的黑客，而在这里，本书所要考察的网络恶搞者已不再局限于少数具有高超网络技术的黑客，在互联网上，黑客毕竟只是少数媒介技术的高手，他们利用媒介技术的优势，自由穿行在网络的赛博空间中，打破了强权阶层对于网络空间的垄断。但是为数不多的黑客尽管对技术垄断部门构成了威胁，却不能从根本上动摇主流的价值观念和社会秩序，而且在今天，有不少黑客已不再是赛博空间中的恶作剧的精灵(tricksters)，他们被收编为技术垄断部门的一份子。

如今，随着社会环境的变化和新媒介的迅速崛起，更值得关注的恶作剧者不再是少数黑客，而是随处可见的网民大众。他们声势浩大，可以说每一个普通网民都可能是网络上的恶搞者；他们随时随地都可能制作和创造恶搞文化，然后通过文字、图片和视频传输到网络空间，让更多人共享。就是一段普通文字、图片或者视频，经过简单的拼贴、模仿、重组或者改造也会迅速变成具有恶搞性的文本。例如，2010 年 1 月 17 日著名演员宋丹丹在其微博上发表的一段微博文字：“特想让潘石屹‘关注’

我，好有机会给他发个‘私信’，问他个问题：长安街南边那么好的位置你盖了那么一大片难看极了的廉价楼(建外 soho)把北京的景色毁得够呛你后悔吗？今天求你了，不带这样的！”

网络恶搞者很快将这段文字转化为自己的语言和文化，他们模仿宋丹丹的口吻和文体，对各种社会现象进行冷嘲热讽，创造了所谓的“丹丹体”。这样的转化和创造在网络空间中随处可见。最近网上流行的“咆哮体”，据说最早在豆瓣网上流行，豆瓣网上的“景涛同好组”在影视作品中常以表情夸张、怪异及咆哮而闻名；随后，这种“咆哮体”在网络空间中流行，成为青年网民争相效仿的一种“新文体”，酣畅、辛辣和夸张的“咆哮体”迅速成为许多青年人宣泄情感、表达自我和反叛社会的一种特别方式。

类似的恶搞一波未平一波又起，从“梨花体”“丹丹体”到“咆哮体”“忐忑体”，从芙蓉姐姐到犀利哥、凤姐，运用文字、语言、图像以及大量的视频等各种方式完成的恶搞文本，借助于新媒介空间得以迅速流行和传播，并且正日益普遍化、日常化和大众化，它们强烈地冲击、颠覆着固有的社会认知、道德意识和文化趣味。在这里，社会底层民众和青年群体逐渐取代过去的艺术精英，成为各种恶搞文化的主要创造者。他们在一种冒犯主导价值观的过程中，获得了一种快感，并建构了自己的认同世界。像费斯克所说的那样，他们的特别智慧在于其所借用的材料经常恰恰来自于主流社会，从主导阶层宣传的经典名著、权威言论、法律规范和道德传统中获得，“他们的战术调遣是传统的‘权且利用’的艺术，这样会在他们的场所内部，凭借他们的场所，建构我们的空间，并用他们的语言，言传我们的意义”[1]。他们利用主导阶层所提供的话语、场所和

[1] 约翰·费斯克．理解大众文化．王晓珏，宋伟杰，译．北京：中央编译出版社，2001：36.

空间，结合自己的语言、现状和处境，创造了一个属于自己的“新空间”。

当然，这些网络恶搞者还没有形成一种固定的价值观念，他们可能随时会对一些问题发表不同的看法，表达强烈的反叛意味，但有时也会迅速转向。他们其实是费斯克所说的“游牧式的主体性”(nomadic subjectivities)，即能够根据现实的环境和自身的需要，不断调整自己的角色，改变自己的“社会效忠从属关系”。在今天，恶搞者作为一种新的亚文化类型，并没有形成一个固定的亚文化群体和亚文化的价值观念，不像早期的朋克、嬉皮士和光头党，有一个比较固定的亚文化团体，对国家政治和社会文化也有比较明确的看法，恶搞者这一群体会随时改变自己的认同。例如，有些青年年轻时候是一个社会的激烈反叛者，一个极端的恶搞者，可一旦工作或者结了婚，他可能就变成一个中规中矩的社会人。

上面已经提到，网络空间中各种新的文化都与媒介技术的变化相关，正是借助于各种媒介技术，恶搞的方式也变得丰富多彩，令人眼花缭乱。对于网络上层出不穷的恶搞文化现象，权力机构、文化精英和社会上的保守人士忧心忡忡，他们认为形形色色的网络恶搞文化的品位是低下的，这些文化不仅没有像文森特·莫斯可、大卫·莫利、约翰·费斯克等人所说的那样是一种创造性的文化，相反，他们认为网络上大量的恶搞文化是粗制滥造、低级庸俗和不值一提的垃圾文化，甚至有人认为恶搞的文字、图像和视频连文化也算不上，它们只能降低文化的层次和水准。一些文化保守主义者更是担心恶搞文化败坏社会风气和道德体系，使人们在恶搞文化中丧失了文化品位和道德理想，甚至破坏了民族文化的根基。例如，孙悟空的扮演者六小龄童就在接受记者的采访时，对网络媒介上大量恶搞《西游记》的视频表示了强烈不满，他指责这些恶搞作品庸俗低级，损害了民族传统文化。

恶搞文化的参与者、创作者和拥护者大多数是青少年，因此不少人更担心恶搞文化危害青少年的身心健康。出于对恶搞、自拍等文化现象的忧虑，我国国家广电总局在 2009 年 3 月 30 日颁发了《广电总局关于加强互联网视听节目内容管理的通知》，特别针对网络新媒介中的恶搞等文化现象，制定了一系列管理条例。例如，“蓄意贬损、恶搞革命领袖、英雄人物、重要历史人物、中外名著及名著中重要人物形象”“以恶搞方式描绘重大自然灾害、意外事故、恐怖事件、战争等灾难场面”都被严令禁止。第三条则强调：“互联网视听节目服务单位要完善节目内容管理制度和应急处理机制，聘请高素质业务人员审核把关，对网络音乐视频 MV、综艺、影视短剧、动漫等类别的节目以及‘自拍’‘热舞’‘美女’‘搞笑’‘原创’‘拍客’等题材要重点把关，确保所播节目内容不违反本通知第一、二条规定。同时，对网民的投诉和有关事宜要及时处置。”[1]国家管理部门试图通过制定各种规定，防止恶搞文化的泛滥。当然管理者和恶搞者之间的关系并非是单纯的压制和被压制，他们之间其实是一种“动态的平衡”关系。关于管理部门与恶搞文化的关系，我们在下文会继续谈到。

青年、新媒介与恶搞

“恶作剧者”及其形象包含的群体是很广泛的，成人也会拥有博客、微博，也参与自拍、恶搞和“一夜情”等活动；不过，青年是新媒介文化的主体使用者和创造者，新兴的媒介文化通常被

---

〔1〕 广电总局关于加强互联网视听节目内容管理的通知. http://www.sarft.gov.cn/search.do.

看成是一种“青年文化”。

卡斯特在讨论互联网在美国兴起时指出，尽管军事资金与市场对早期电子工业起“决定性角色”，但是青年人在美国网络媒介的崛起过程中扮演了“重要角色”，并说 20 世纪 70 年代美国网络技术早期的研发，“与 60 年代由美国校园文化发展出来的自由文化、个人创新，以及企业精神有关”：

> 此处所指的 60 年代校园文化，乃是突破既有行为模式的社会价值，不论是整个社会或企业界。这里强调个人化的手段、互动、网络化，以及即使显然没有商业价值，却毫无止境地追求新技术突破，这些都与企业界谨慎小心的传统没有连续性的关系。通过我们社会的物质文化，信息技术半革命半意识地传播着 60 年代运动滋生的自由意志主义精神(libertarian spirit)。[1]

20 世纪 60 年代，美国校园里具有丰富创造力和想象力的青年学生使得互联网技术得以迅速发展。文森特·莫斯可同样强调了网络新媒介的发展与青年群体的关系。他说：“今天的电脑预言家告诉我们，赛博空间中的主要差异之一存在于年轻人和年长者之间，前者被电脑所吸引并且擅长使用电脑，而后者则竭尽全力去适应和跟上步伐(Tapscott,1988)，虽然他们主张这种特定差异是独特的(泰普斯科特认为，赛博空间的代沟首先是一个历史问题)，但是，在 20 世纪的头 20 年里，年轻人(尤其是年轻的男孩子们)依然被描绘成是一群真正理解了技术及其未

〔1〕 曼纽尔·卡斯特. 网络社会的崛起. 夏铸九，王志弘，等，译. 北京：社会科学文献出版社，2001：6—7.

来的人。"[1]

全世界都一样,青年人是新媒介的主要使用者。鹈饲正树等人指出,时至2000年3月,在日本共有5 700万部手机的普及,主要的使用者都是年轻人。战后,日本新兴的漫画、卡拉OK、都市偶像剧等大众文化的流行都和年轻人有很大关系,这些大众文化深刻影响了年轻人的观念和行为,当然,很多新兴文化也是年轻人参与、创造的结果。在我国,仅1980—1989年的10年中,就有大约2.04亿人口出生。这是一个庞大的数字,而现在不仅20世纪80年代出生的儿童已长大成人,就连1990年之后出生的儿童也已成长为青年人。与这一庞大青年群体的出生和成长相伴的是中国经济的高速增长,1980年至今这30多年的经济高速增长,给中国社会带来了巨大变化。

在我国,"80后"和"90后"最典型的生活环境有两个方面:物质的富裕和媒介的发达。1979年改革开放以来的30多年给中国带来了巨大的物质财富,使得"80后"、"90后"的这些青年人一出生便生活在拥有洗衣机、电冰箱、汽车、彩电、麦当劳、大型超市的富裕时代中。在这样的物质和消费环境中,过去的一些文化形式不再受到欢迎,休闲、娱乐和消费性的文化日益受到青年人的关注。这些青年人成长的年代,正逢互联网等各种新媒介在我国迅速

出生于"90后"、"2000后"一代

[1] 文森特·莫斯可. 数字化崇拜:迷思、权力和赛博空间. 黄典林,译. 曹进,校. 北京:北京大学出版社,2010:121.

发展，因此从他们出生开始，手机、网络、MP3 和移动电视就已经与他们相伴。他们生活在新媒介空间中，新媒介已经成为他们生活的一个部分。绝大部分在媒介上走红的恶搞形象，基本上都是青年人，诸如“木子美”“芙蓉姐姐”“凤姐”和“犀利哥”，关注这些媒介形象的群体也大多是青年群体。所以针对层出不穷的各种新媒介文化现象，《中国青年报》2006 年 4 月 3 日的“青春调查”发表了一篇名为《“80 后”——请别误读这 2 亿青年》的文章，将当代的一些新媒介文化称为“青年新文化”：“‘快闪’‘极客’、网络‘一夜情’‘博客’……这些新文化现象的出现令人眼花缭乱，它们与网络有关，它们与流行有关，它们与青年有关，关注和了解这些新文化现象，是理解和评价青年精神状态的前提。在一定程度上，社会主流文化也要努力创造条件吸纳青年亚文化的优秀资源，而不是一味地排斥亚文化群体与‘小众化’青年阶层，否则只会加剧他们对主流文化的离心力和抵抗力，最终导致社会结构的松散化和断裂。”

这份调查报告也像上面提到的一些观点那样，对于新媒介文化的急速发展表示了担忧。我们说过，对于青年文化的担忧从来没有停止过，连霍加特这样的青年亚文化研究者，亦对 20 世纪 50 年代英国一些“自动点唱机男孩”和“奖学金男孩”深感不安，认为他们被美国大众文化搞坏了，变成了爱享乐的、粗鄙的“堕落的一代”，甚至认为他们的行为是社会的一种“不祥之兆”：“这些年轻人是一种享乐主义的但又是消极的粗鄙之人，他们整天坐 50 马力、售价 3 便士的公共汽车，观看票价 1 镑 8 便士、投资 500 万美元的电影，这不仅仅是一种社会怪癖，也是一种不祥之兆。”[1]

〔1〕 理查德·霍加特．自动点唱机少年和奖学金男孩．邱丙军，译//周宪，陶东风，主编．文化研究．南宁：广西社会科学文献出版社，2010：67.

澳门地区青年在街头跳街舞

这样的批判可以说不胜枚举，当然也有不少人对于新兴的各种青年文化抱有乐观态度。比如，针对日本一些人对于手机、网络这些新媒介对青年人影响的批评，鹈饲正树等人就指出："正如自古以来，新事物从异域传来时必定会遭遇的命运一样，当初不仅是照相机和汽车如此，就连宠物和冰箱也被视为'舶来的异物'，成为攻击的对象，说它们是想当然的憧憬。不过，这些东西逐渐渗透进人们的生活，融入了每天的生活环境。"〔1〕

新事物刚出现时总会遭到非议，但最终它们还是要被人们接受。今天，很多人在批评网络、手机等新媒介文化带来的低俗的快餐文化时，却愈来愈离不开它们，特别是"80后"和"90后"的青年人，网络、手机已经完全成为了他们生活的一部分，他们离不开这些新媒介。对于一个20世纪50年代出生的人而言，在网上购物或者阅读书籍是一件不可思议的事情，但是"80后"、"90后"的青年对于在网上购物和阅读书籍却早已习以为常，网上购物和阅读书籍已经成为了他们生活的一部分。青年人不仅沉浸在网络等新媒介空间中，而且也参与创造各种新型的文化，自拍、恶搞、极客、博客、微博都是青年人自己的文化。

青年人正是借助于日益发达的新媒介创造着各种各样的文化，并通过这些文化表达他们的思想、行为和个性，同时不断地

---

〔1〕 鹈饲正树，永井良和，藤本宪一. 战后日本大众文化. 苑崇利，史兆红，秦燕春，译. 北京：社会科学文献出版社，2010：13.

开创属于他们自己的文化风格，尽管这种风格往往是不成熟的。在新媒介时代，许多刚刚出现的一些富有独创性的青年文化又转瞬即逝，但这并不能说明什么，因为在任何时代里，文化总是不断地推陈出新。

在新兴的各种青年文化中，恶搞文化是一种很重要的文化类型，尽管许多人对恶搞文化深恶痛绝，强烈批评它败坏了社会道德和文化品格。但是我们在前面已经指出，今天恶搞文化已经日益普遍化、大众化，甚至在各种新兴的文化中都有恶搞的影子，即使在那些号称高雅、经典的电影、艺术作品中，也经常会有一些恶搞的镜头出现。而“给力”“有木有”“神马都是浮云”这些新兴的网络恶搞词语，经过广泛传播，已变成了人们习以为常的生活用语，传统、主流的新闻和报纸媒介也开始不知不觉地使用这些词汇，因而，我们不能简单地反对一种文化现象，而要正视它的存在。

其实，除了媒介技术和环境、青年群体的崛起外，在中国，还有多重原因促使大量恶搞文化的“生产”和“再生产”。比如，意识形态和社会政治层面、社会变迁和心理的变化以及市场消费的需求等，特别是许多恶搞文化并非单纯为了搞笑，它已经变成青年人社会政治、文化和心理诉求的一种另类方式。他们用恶搞文化的形式讽刺社会生活中存在的各种不合理现象，表达参与社会管理的强烈欲望。曼纽尔·卡斯特曾用生产、经验与权力这样的关系结构来考察新兴的互联网，在他看来：“生产是人类为了得到好处而挪用和转变物质(自然)而采取的行动，依社会决定的各种目标来获取产品、(不均等地)消费其中的部分，并为投资而积累剩余。经验是人类主体对自身施加的行动，受人类生物与文化认同之间的互动决定，并与他们的社会与自然环境有关。经验是以人类满足需要和欲望的无止境追寻为核心建构起来的。权力是人类主体之间的关系，它在生产与经验的基础上，通过潜在与实际运用的（实质与象征的）暴力，而将某些主体的意志强加在其他人之上。社会制度的建立是为了巩固存在于不同历史时期中的权力关系，包括控制、限制，以及在权力斗争中达成的社会契约。”[1]而正是在这三者互动的基础上产生了“文化与集体认同”。

同样，围绕着新媒介和恶搞文化，有着不同的生产、经验和权力的交织作用，它们共同创造了形形色色的恶搞文化。因此，有必要将恶搞文化置于一个具体的生产、经验和权力话语系统中加以研究，考察围绕着新媒介恶搞文化“生产”和“再生产”的不同权力话语之间的关系，厘清恶搞文化与社会政治、身份认同、文化和社会心态变迁等方面的关系，才能真正了解这种文化。

恶搞文化简史

杜尚的作品《L.H.O.O.Q.》对达芬奇的《蒙娜丽莎》进行了恶搞

恶搞现象在人类历史上应该是很久远的事，这也是人类娱乐和游戏精神的一种体现。例如，20世纪初，艺术家杜尚就曾经恶搞过《蒙娜丽莎》，他给蒙娜丽莎画上小胡子，经典的蒙娜丽莎于是变成了一个搞笑的艺术形象。据说杜尚还在这个“蒙娜丽莎”的旁边写上几个字：“她的屁股热烘烘。”

在我国，现代意义上的“恶搞文化”一词，最初是从日本传入的，日文叫“KuSo”，是日本电子游戏中的一种“次文化”，意思是认真地“玩烂游戏”，是年轻电玩家所做的事情。后来这种电子游戏的“次文化”传到了中国

〔1〕 曼纽尔·卡斯特．网络社会的崛起．夏铸九，王志弘，等，译．北京：社会科学文献出版社，2001:26.

台湾、香港和澳门地区，并逐渐由电子游戏扩大到印刷媒介、电影和电视娱乐节目领域。例如，20 世纪 80 年代在香港就有一份专门关注青年人的杂志，名字便为《次文化》(Sub-culture Magazine)，其总编彭志铭 1989 年接受记者的一次采访时，称这是一份提供给“大专学生或刚出来工作、有心向上爬，“讲俗一点是‘好口臭’——很喜欢‘嗡无谓嘢’的那群‘后生仔’看”[1]的杂志。20 世纪 90 年代初，周星驰主演的《唐伯虎点秋香》《大话西游》等带有浓厚恶搞色彩的香港电影，对祖国大陆产生了很大影响。恶搞文化在中国香港和台湾地区的电影和娱乐节目中泛滥，有其特殊的文化背景，不少带有恶搞性质的香港电影，还保留着“认真玩”的态度，因为这些恶搞表达了对夹杂在英国、祖国大陆两者之间的香港地区身份认同的思考。

我们在前文提到，恶搞文化与媒介技术发展有着密切的关系，而从媒介技术的角度而言，恶搞文化自身也经历了一些变化，按照媒介技术的发展，大致可以把恶搞文化分为以下四个阶段：

第一个阶段是 PS(Photoshop)阶段。即将不同的图片进行拼贴、重组，形成恶搞图像。最著名的恶搞拼贴是“网络小胖系列”，有人将其头像与蒙娜丽莎、泰坦尼克号等图像剪辑在一起，构成了一系列具有恶搞、反讽意味的画面，这些恶搞图片迅速传播，网络小胖也因此走红。

第二个阶段是 Flash 时代。图片拼贴都是静态的，Flash 技术的发展使得一些图片具有了动态感，具有代表性的 Flash 恶搞是《大话三国》。这些图片还缺乏电影镜头的现实感，只是一些简单的恶搞场景，如通过眼神、简单的文字和声音，形成一种搞笑效果。随着媒介技术的发展，这样的恶搞很快被各种视频

[1] 黄夏柏. 看杂志. 香港：香港麦穗出版有限公司，2010：37.

短片所取代，但在今天，在一些公交车上还经常可以看到这种Flash的动态图片故事，如恶搞Flash《温酒斩华雄》、Flash《武林外传》等。

第三个阶段是有现实感和故事性的视频短片时代。在视频时代，恶搞的种类就很繁杂了，无论是形式还是内容，都比以前丰富得多。在我国，较早的一部恶搞视频是2002年的《大史记》，是某电视台自己搞的带有恶搞文化色彩的一部视频短片。该视频将苏联电影中的一些镜头加以重新剪辑、拼贴，形成一部恶搞短片。2006年是我国恶搞史上的一个重要年份，这一年胡戈针对陈凯歌的《无极》，制作了《一个馒头引发的血案》，引起了广泛关注，将恶搞文化掀起了一个高潮。此后，恶搞文化便开始四处泛滥，在网络空间里，到处都是恶搞作品。这些恶搞作品大多针对一些经典电影、小说或电视剧，从外国的《黑客帝国》《泰坦尼克号》，到中国的《西游记》《三国演义》《红楼梦》《闪闪的红星》和《铁道游击队》，一切都可以拿来恶搞。

第四个阶段是今天网络社交网站上的各种恶搞现象。微博的兴起为新的恶搞提供了更加便利的条件，过去恶搞文化的制造者往往是一些懂得技术的人，他们必须会制作Flash或者视频，但是微博兴起之后，恶搞文化的制造群体逐渐壮大起来，人们无需知道如何制作Flash，只要在网络上注册一个微博，成为一个微博用户，就可以制作或传播恶搞的文字、图片和视频，而且恶搞的形式也越来越多样化。

新媒介上活跃的各种恶搞文化现象引起了学术界的广泛关注，关于恶搞文化的文章和论著陆续问世，南帆、蓝爱国、蔡骐、吴予敏、张国涛、王晓渔等人对此都进行过深入研究。在中国学术期刊网上查阅到的关于恶搞文化的硕士论文已经达到81篇，如徐琳的《“恶搞”视频短片的文化考量》、侯雨的《网络恶搞现象研究》、林晨的《当代中国“恶搞”现象的文化解读》等。中国期刊网上的相关文章有 100 多篇(从 2003 年以来),这些论文从多个角度讨论了恶搞文化现象,对于本书的写作有很大的帮助。本书在这些论述的基础上,将当代恶搞文化放在文化与社会以及新媒介语境之中,从恶搞文化的媒介文本、恶搞文化的内容、恶搞文化与政治以及跨文化语境中的恶搞、恶搞文化与商业文化的关系等方面,多角度、深入系统地探讨了新媒介语境下的当代恶搞文化,并希望通过这样的考察,使人们对于恶搞文化有全面、深入的认识。

在今天的网络空间中，一张图片或照片转眼之间变成了无数张令人搞笑的图片，这样的现象每天都在发生，形成了蔚为壮观的媒介奇观。人们对某张照片或者某个视频随意增加或者删减内容，让它们变成一类具有恶搞性质的、不断繁衍的“新形象”。从文本生产的角度如何去理解这样的媒介景观呢？

媒介文本的繁殖与生长

2003年，上海一位胖胖的初中男生的一张转头做鄙视状的头像被网友传到网上，然后被疯狂地传播，众多年轻网民还对小胖鄙视的神情进行了PS，将小胖的形象变成各种各样的造型，有印度公主形象，有自由女神形象，有郭靖形象，小胖迅速成了“百变小胖”，走红于网络空间。从新媒介时代的媒介文本角度而言，“百变小胖”这个形象的传播很有典型性。它是一个不断衍生的媒介形象，说明今天的恶搞作品作为一种大众文本，与过去的先锋文本有着很大的差异；它不是一种自足的、封闭的、个人化的文本，而是一种开放的、松散的、大众化文本。这种大众文本每天在不断地流动、变化，借助于新的媒介工具，人们可以根据自己的需要随意添加新的东西，从而产生自己的形象、故事和意义，拼贴、戏仿是大众改变某种文本所常用的方法，大众在参与文本创造的过程中也获得了新的快感和意义。但在今日，媒介的高度发展以及媒介使用的方便快捷，让大众十分容易地参与到媒介文本中去，进行随心所欲的创作，也导致了大众文本的过度繁殖，反而造成了意义的流失，在消费社会的商业逻辑下，“现实抵抗”最终蜕变成为一种文本的符号游戏和话语狂欢。

“互文性”文本

就文本层面而言，今天的恶搞文化属于费斯克所说的大众文本——一种“生产者式文本”(producerly)。“生产者式文本”不仅要求受众参与文本，而且文本、大众与社会现实有了更加密切的关系，而以往的先锋文本往往只强调文本的自足性和特殊性。“社会体验并不受文本的控制，它决定了文本与社会关系的结合，并且驱动大众的生产力。就某种意义而言，他认为这与先锋文本的‘作者式’读者所拥有的特殊文本力量(competence)

和体验颇为不同。”

> “生产者式文本”为大众生产提供了可能，且暴露了不论是多不情愿，它原本偏向的意义所具有的种种脆弱性、限制性的弱点；它自身就已经包含了与它的偏好相悖的声音，尽管它试图压制它们；它具有松散的、自身无法控制的结局，它包含的意义超出了它的规训力量，它内部存在的一些裂隙大到足以从中创造出新的文本。它的的确确超出了自身的控制。[1]

“生产者式文本”是一种自由、松散型的文本，受众可以随时随地参与和介入到这些“大众文本”中去，按照自己的意愿，进行重新拼贴、组合，创造出无数新的大众文本，大众不断参与、介入，深入到这些文本内部，任意肢解文本，也可以将文本与社会现实紧密结合起来，不断生产出新的意义来。

因为今天媒介的空前繁荣，各种各样新的文本不断衍生、繁殖，构成了一个互文的文本链，让人目不暇接，这是今天大众文本的一个突出现象。例如，陈凯歌的电影《无极》上映后，胡戈制作了《一个馒头引发的血案》恶搞了一下《无极》，随后又有《恶搞〈无极〉之民生银行版》《恶搞〈无极〉之潍坊国际风筝节广告》《恶搞〈无极〉之名人名言版》等恶搞《无极》的作品出现；同样，张艺谋的电影《英雄》上映之后，除了有胡戈的《春运帝国》之外，还有《陈年米饭铺》《恶搞〈英雄〉——气死老谋子》《恶搞〈英雄〉广告版》的视频，它们组成了一个恶搞《英雄》的链条；关于达芬奇的《蒙娜丽莎》在今天也有无数个恶搞版本。这些作品构成了一种

---

〔1〕 约翰·费斯克. 理解大众文化. 王晓玨，宋伟杰，译. 北京：中央编译出版社，2001：128.

“互文关系”，每一个作品都与其他作品有着某种千丝万缕的联系，但每一个作品又都与其他作品有所区别，甚至是对其他作品内容的否定。这些文本可以说是最初那个文本繁殖的后代，但这些后代却从不同的层面改变、颠覆了原初文本的内涵，使得原初文本的内涵变得模糊起来。当然，任何文本或许都像费斯克所说的那样是不完整的，只能在“互文关系”和接受模式中加以研究：“因为不完整，所以所有大众文本的疆界都不是牢固的；它们彼此流入对方的疆域中，流入日常生活中。文本之间的差异和文本与生活之间的区隔一样，是无效的。大众文化只能在‘互文关系’中加以研究，因为它只存在于这种互文式的流通过程中。初级与次级文本间的相互关系跨越了它们之间的一切界限；同样，第三级文本与其他文本间的相互关系跨越了文本与生活之间的界限。”[1]

因而，我们要了解恶搞之类的大众文本，须将它们放在一个开放、流动的空间里加以研究，考察文本内部、不同文本之间、文本与文本之外现实社会的关系，才能对某一个文本进行更好的理解。下面我们以《西游记》为例来了解“互文性”文本的特点。

“大话”时代

以《西游记》为例，从20世纪80年代中央电视台拍摄《西游记》开始，至今已经有数不清的关于《西游记》题材的各类文本。当然，20世纪80年代中央电视台拍摄的《西游记》本身也是吴承恩小说《西游记》的一个“次级版本”，其实在吴承恩的《西游记》出现之前，已经有各种与《西游记》相关的历史故事和话本故

〔1〕 约翰·费斯克．理解大众文化．王晓玨，宋伟杰，译．北京：中央编译出版社，2001：152.

事，它们共同构成了一个“西游记系列”。而在今天，随着新媒介的发达，关于《西游记》的题材就更多了。从文字、图片到教科书，《西游记》涉足了广泛的领域，深刻地影响着人们的日常生活，比如当说某个人比较傻或比较可爱时，人们会很自然地称呼他为“猪八戒”。

特别是在20世纪90年代之后，随着恶搞文化的泛滥，各种新的关于《西游记》的恶搞文本不断涌现，从周星驰主演的《大话西游》、谢霆锋主演的《情癫大圣》，一直到近年来网络媒介空间里流行的《西游记》的恶搞系列。古典小说《西游记》和20世纪80年代央视版的《西游记》所塑造的唐僧、孙悟空、猪八戒等传统形象被完全解构、颠覆。在古典小说里，孙悟空本是一个不拘王法的顽劣石猴，后经如来点化，诚心向佛，护送师父去西天取经，历经九九八十一难，终修成正果的角色。但《大话西游》里的孙悟空，其角色扮相、行为模式和西游的心理动机，都与那个“齐天大圣”完全不同。他肉身凡胎、贪财好色、心思重重。单向度的神与英雄被改写为在义务与情欲之间痛苦挣扎、性格分裂的凡夫俗子。他的性格充满矛盾，神/人，英雄/小人，情种/流氓，佛徒/妖怪，孙悟空/至尊宝，各种不和谐的因素统一在他的身上，使得这部电影同时具有了悲剧和喜剧双重元素。

周星驰主演的《大话西游》开创了大话风，曾经风靡一时

唐僧的形象颠覆性更强，竟然是一个啰嗦鬼——“你有多少兄弟姐妹？你父母尚在吗？你说句话啊，我只是想在临死之前多交一个朋友而已。”“人和妖精都是妈生的，人是人他妈生的，妖是妖他妈生的。”“所以说做妖就像做人一样，要有仁慈的心，

有了仁慈的心，就不再是妖，是人妖。”一个唱着经过改编的《人鬼情未了》之主题曲《Only You》、整日喋喋不休的唐僧，其师道威严在自身的啰嗦和至尊宝“我 Kao”的骂声中消解殆尽，这位中国文化里的道德典范现在却完全是一个滑稽形象。尤其值得注意的是，在《大话西游》中，语言的游离、粗鄙现象尤为突出，电影里经常会出现一些毫无指向的语言，如下面这几句：

你想要啊？悟空，你想要的话你就说话嘛，你不说我怎么知道你想要呢，虽然你很有诚意地看着我，可是你还是要跟我说你想要的。你真的想要吗？那你就拿去吧！你不是真的想要吧？难道你真的想要吗？……

更有所指的无定向和语符之间的极速游弋带来的空洞化所指，如唐僧说：“啊啊！大家不要生气，生气会犯了慎戒的！悟空你也太调皮了，我跟你说过，叫你不要乱扔东西，乱扔东西这么做……(哐当，悟空的棍子掉在地上)你看我还没有说完呢，你把棍子又给扔掉了！月光宝盒是宝物，你把它扔掉会污染环境。唉，要是砸到小朋友那怎么办？就算没有砸到小朋友砸到那些花花草草也是不对的呀！……”悟空则回应说：“我 Kao!”(悟空一拳将唐僧打倒。)悟空：“大家看到啦？这个家伙没事就长篇大论婆婆妈妈叽叽歪歪，就好像整天有一只苍蝇，嗡——对不起，不是一只，是一堆苍蝇围着你，嗡——嗡——嗡——嗡——飞到你的耳朵里面，救命啊！(悟空倒地翻滚，异常痛苦。)所以呢，我就抓住苍蝇，挤破它的肚皮，把它的肠子扯出来，再用它的肠子勒住他的脖子用力一拉。呵，各位，整条舌头都伸出来啦！我再手起刀落。哗!整个世界清净了。现在，大家明白了为什么我要杀他!”

整段话的语言叙述并不合剧情的发展逻辑，但是达到了诙谐逗趣的目的，“叙述”和“言语”本身成了游离主题和情节之外的纯粹“话语乐趣”，这是《大话西游》在语言上的一大特色。许多语言因为脱离和独立于电影反而广受欢迎，以至“曾经有一份真挚的爱情放在我面前，我没有珍惜，等我失去的时候，我才后悔莫及，人世间最痛苦的事莫过于此。你的剑在我的咽喉上划过吧！不用再犹豫了！如果上天能够给我再来一次的机会，我会对那个女孩子说三个字‘我爱你’。如果非要在这份爱上加上一个期限，我希望是——一万年！”这一段独白在一段时期内成了社会的流行语。

在结构上，《大话西游》也打破了传统的线性叙事结构，开创了今天在电视与网络媒介中流行的“穿越结构”，通过“月光宝盒”，剧中人物自由行走于过去与现在，500 年前与 500 年后之间的三次跳跃形成了一个奇异的、陌生的、与观众有距离的叙事架构。“月光宝盒”的存在让故事结构得以完整，不过这是一种不稳定的结构，白晶晶对从前孙悟空悔婚的伤心回忆，至尊宝用“月光宝盒”折腾数次救白晶晶，唐僧被吸入“月光宝盒”后在埃及、古罗马等古国穿行，白晶晶结婚前的梦会紫霞……都被梦幻式地拼贴在一起。

总之，《大话西游》完全颠覆了吴承恩小说和 20 世纪 80 年代中央电视台拍摄的《西游记》中的人物形象和故事情节，开创了一时风行的“大话风格”。“大话风格”深刻地影响了今天媒介空间中的各种恶搞亚文化，它在恶搞《西游记》的同时，自身也成为了被恶搞的对象，为其他网络恶搞提供了素材，变成了其他恶搞文本的“初级文本”。例如，《大话 G 游》《毕福剑恶搞〈大话西游〉》都是对《大话西游》的恶搞，前者由更能体现肢体夸张的漫画形式和许多时下的“流行元素”拼贴而成，后者毕福剑戏仿“曾经有一份真挚的爱情摆在我面前……”的经典段落，将其变为

“乐哈哈痒痒挠”的广告。“曾经有一个真挚的痒痒挠摆在我面前……”还有无数个地方版本，用方言叙述这段话，获得挣脱语言法则的创造性快感。

出自伟胜 DV 影视之手的《搞笑西游全集》也是利用“互文性”来颠覆 20 世纪 80 年代央视版的《西游记》。它将央视版《西游记》的镜头与网络流行文化以及当下的社会现实生活紧密结合在一起，重新组合成《师徒战》《考徒儿》《爱情与大便》《师徒上网》《诡计》《搞笑拜师》《如来传经》《唐僧洗澡记》等故事。这些故事情节离奇，充满了搞笑和颠覆色彩，所有的形象在这里都翻了个个儿，唐僧、如来都成了位高权重、欺压下属、贪财好色的贪官，孙悟空不再是“英雄人物”，更像一个江湖流氓，秽语、色语、酷语等流氓话语在对话中被频繁使用。《搞笑西游全集》以玩世不恭的态度颠覆了原作中的神圣光环，更以戏谑的手法揭示了现实生活中粗鲁不堪的一面：拖欠工资、无偿加班、闪电爱情来去匆匆、网上泡妞、私下办证、台上一套说辞台下逃避责任、某些单位“福利”好、马屁精、养路费问题、拜师给钱（没现金没卡的话，家里的金银珠宝也可）是“走走形式”……另外，人物对话中经常穿插如“这个礼拜下了两次雨，第一次下了 3 天，第二次下了 4 天”、“敢跟师傅抢女人，想活命先答题”、五指山封条“要想富少生孩子多养猪”等毫无互文逻辑、游弋不定的狂欢化语言。

《搞笑西游全集》等西游系列，不仅与 20 世纪 80 年代央视版《西游记》以及吴承恩的《西游记》构成互为参照的“互文”，后者在互文参照中瓦解了前者，而且它们也是从现实生活的相关性中建构出来的，这些文本往往涉及现实社会中的各种问题，暴力拆迁问题，男人好色、女人爱财问题，以权谋私、官僚腐败问题，等等。北京邮电大学几个学生制作的《北邮记》便借用《西游记》中的“师徒形象”来隐射学校生活。唐僧变成了蒋学斤（谐音“奖学金”），在 2003 年高考中以高出北邮零分的“好成绩”被录取;孙悟空变成了"吃标准样、不长标准样、患有脑瘤、长有体毛"(旁白)但能直立行走的小强(《唐伯虎点秋香》中的"蟑螂");猪八戒成了北邮模电课上的一枝花、好色的马赛克。视频不仅恶搞了《西游记》和《唐伯虎点秋香》等文本,而且将恶搞引入到现实生活中去。下面这篇文字版本的《唐僧给悟空的信》采用了更多的反讽现实的手法,对当下的各种社会现象进行冷嘲热讽:

悟空徒儿:

那天没有接你电话,是因为正在开会,现在会场都有监控,所以要注意的。有些话在电话里说不清楚,就给你写了这封信。

你是一个很有本事的人,没有你为师早被妖怪吃掉变成肥料了。但是时代变了,只靠本事是不够的,你该转变观念了,这点要多向八戒学习,他现在混得左右逢源,如鱼得水,不但上层路线走得好,在女同志中威信也很高。上次推荐优秀年轻干部,你只得了2票,1票是我的,估计还有1票是沙和尚的,八戒的票却遥遥领先,据说嫦娥也给他投了1票。你说说,现在的女同志怎么这样啊,难道忘记八戒醉酒调戏了吗?

悟空,你要好好反省一下,虽然取经路上作出了许多贡献,但那些都属于过去,现在关键要和领导搞好关系,消除大闹天宫的不良影响。你当花果山风景区管委会的临时负责人好多年了,为什么没有转正?原因还用说吗?知道你脾气直,送礼脸红,红就红呗,还能红过你的屁股啊。听说那个六耳猕猴一直想取代你的位置,还给王母娘娘送了猴头,你别生气,古训说的好啊,舍不得孩子套不住狼。

我们西天取经的五个人,白龙马是标准的"权二代”加“富二代”，取经回来才几天，就被任命为东海管委会副主任了。上次他邀请我到东海10日游，那排场为师都嫉妒了，比我这个西游管委会的主任还NB。八戒和沙僧是派下来挂职锻炼的，现在都官复原职了。就你是从石头缝里蹦出来的，没爹没娘，没有背景，所以一切都要靠自己，用时下流行的话说，你是寡妇命，上面没人。

不管怎样，你都要改变，别老是火眼金睛的，让人不舒服。时代变化太快了，八戒的孩子都十几岁了，沙僧已经和六仙女同居了。就你还是独身一人，都什么年代了，别老是揪住人家过去不放，白骨精就不错，不但是影视歌三栖明星，还号称“白领骨干精英”。上次人家还说你是标准的男子汉，你也该考虑一下了。昨天女儿国国王催我结婚的事情，我想尽快把婚事办了，虽然她没有蜘蛛精那么性感，可是家庭背景好，以后对为师的仕途帮助大。如果蜘蛛精愿意，就做个红颜知己。不说了，说得有点多了。

悟空，好好考虑一下为师的意见，为师给你写的不是信，写的是心啊。

进入官场仕途的唐僧时刻以行规要求自己，以过来人的身份谆谆教导徒儿悟空：要审时度势，形势之风往哪边吹，人就要往哪边倒。才华本领不是成功的关键，只有巴结上层权势阶级，给领导送礼时舍得下本，才能回收声名、金钱、美女于旗下。“权二代”和“富二代”的背景最霸道，没背景就要靠自己。为人处世要学会睁只眼闭只眼，世上没有永远的朋友和敌人，利益才是王道。美丽性感的女人惹人爱，但结婚对象要有助于仕途等长远之计。它拼贴了唐僧师徒四人和白龙马、嫦娥等《西游记》原著中的人物形象、性格特色，戏仿时下流行语以达到搞笑的目的，反话正说了当今社会存在的问题，具有强烈的关注社会现实的批判色彩。

总之，从恶搞《西游记》的系列中可以看出，大量恶搞《西游记》的亚文化文本，不但是原著的“繁衍品”，而且它们相互之间也形成了“互文性”，不断重组和拆解原著的文本内涵。当然，这些文本自身充满了“裂隙、矛盾与不足”，始终处于一种开放的状态中，它们紧贴现实生活，为大众提供特别的意义和快感。许多网民在观看了《搞笑西游全集》后，在网络上留下了“搞笑”“很搞笑”“太有意思了”“真牛逼”“哈哈，真搞笑”“超赞，我爱死啦”“呵呵，真逗”等词汇。这些词汇表达了青年观众对此恶搞版西游记的喜欢和认同，因为他们觉得这个视频带给了他们很多快乐，而且这是属于他们这一代年轻人的快乐，同时在哈哈大笑中，他们也认识了现实社会。

另一方面，在新媒介时代，恶搞文本有了更大的灵活性，它们随时可以跨越不同的媒介形式，可以从文字媒介转换到图像或者视频媒介，也可以从视频转换为文字和图片，而不像过去，不同媒介之间存在着巨大的鸿沟。在今天，文字、图像、声音和视频，不同的媒介经常融合在一起，共同构成新的媒介奇观。例如，关于春运的恶搞文本系列，就有文字、图像、声音和视频等各种版本，构成了一幅耐人寻味的“春运浮世绘”：

1. 车票几时有？翘首问车站。不知家乡父母，见面是何年？我欲徒步归去，又恐一路风雨，归途不胜寒。起早排长龙，何似被熬煎。挤窗口、求友助、问论坛。不应有恨，何事堪比买票难？外有票贩黄牛，内有关系门路，此票不给咱。但愿生双翅，千里归家园。

2. 岁末又年关，返乡把家还，不知民工兄弟，春运可有缘；富贵乘机归去，贫贱囊中羞涩，望机空嗟叹；午夜寒冬站，人海把队排。黄牛贪，票售完，空无奈。满腹辛酸，回家之路何其难。身在他乡漂泊，家有白发幼弱，思亲泪涟涟。何时解民哀，春运不再难？[1]

这是网民对北宋苏轼的词《水调歌头·明月几时有》的改编，两首词戏仿了《水调歌头》的形式和惆怅、希冀交织的意境，置换了词的内容诉求，其间有对家乡父母幼儿的思念，有企图徒步归去却遭遇漫漫长路的难堪，有囊中羞涩不得不坐火车的嗟叹，有寒冬起早贪黑排队、挤窗口的辛酸，有求助朋友、论坛的努力，有面对黄牛党的贪婪和没有关系不能走后门的无能为力。两首仿词代表远离家乡的底层社会立场，情节详实生动，透露出带泪的幽默。

下面这段则更有恶搞意味：

湖北省随州市曾都区洛阳镇特大凶杀案嫌犯熊振林在武汉被抓。事后记者问他为什么没有潜逃，他回答道："他妈的，老子这三天，天天都在火车站排队买票。"公安局局长接受记者采访时表态：我们侦查部门早就断定，他一定逃不出湖北，因为他根本就买不到票。

这段文字以主流新闻媒介的口吻恶搞"春运"，戏仿的是电视、报纸等主流媒介惯用的报道口吻，但要颠覆的恰恰是主流媒介所报道的内容，严肃与庄重在这里土崩瓦解，产生了一种滑稽可笑的景观。"我们侦查部门早就断定，他一定逃不出湖北。"貌

〔1〕 http://www.wuliaoo.com/jing—dian—yu—lu—9.html.

似公安局胸有成竹，事实上讽刺其胜利在握的砝码竟然是买票难。让熊振林化为普通小人物的替身来爆粗口，戏谑一票难求的窘境。

关于春运的恶搞性话题，还以歌曲、图片和视频等不同媒介形式进行传播。红极一时的口水歌《爱情买卖》中的词句，被恶搞者置换成："你说有票卖，骗我把队排，最后知道没票的我眼泪掉下来。卧铺你不卖，硬座你也不卖，终于发现黄牛党他为何贵起来。当初你说把队排，排排就排排，现在又说没票卖，还说你再来。车票不是我的菜，想买就能买。起得再早，排得再快，车票没得卖。"讲述了客运站欺骗人们有票卖，而事实上卧铺、硬座都没得卖，导致了黄牛党贵起来的情况，人们当初遵守纪律把队排，现在被冠冕堂皇地劝再来，从而生发出感慨：无论起得早还是排得快，票都不是想买就能到手。《爱情买卖》曲风、词调通俗直白，恶搞者易于采用全新的事件进行改编，同时它本身的流行性也能为其春运版赢得更广泛的受众知晓和认同。而关于春运的恶搞图片也见诸各大知名电影海报上，如《三枪拍案惊奇》被PS成《抢票拍案惊奇》，海报中闫妮手中的枪变成了一张火车票；《十月围城》被PS成《一月买票》，门匾上的小字被置换为"售票厅"三个大字，而各路好汉的图像下粘贴了"一月，壮士一搏为一票"的豪迈之词；《全城热恋》被PS为《全城买票》，"用爱点燃奇迹"被戏仿为"用票点燃奇迹"；《花木兰》改名为《买票兰》，与"买票难"谐音。

《唐僧的火车票》图集更是盗用了《西游记》连续剧中唐僧、佛祖和太上老君的三张截图，机械化地更迭三个人物形象，戏仿了当今火车票的文字和图表版式，由"东土大唐铁路局售"，"东土大唐→西天"的第"81次"列车，于"公元前578年甲子日末时开车"，属于"硬座普客至西天"。"无座"的尴尬常态和"全价500两"的高价形成强烈的反差。图集中粗糙的图片复制并不抹杀其人物对话的创意。为了复述清楚春运买票的故事,图片之间还拼贴了转场的黑屏字幕,如开场白“唐僧独自一人,历经千辛万苦。终于来到西天,见到如来佛祖”。在回答佛祖为何这么长时间才到西天的问题时,唐僧的回答是“坐火车,春运买不到票”,后来用 50 元买来太上老君卖的黄牛票。当佛祖说“还可以,不贵”时,唐僧爆出“站票”的原因,意外的喜剧令人忍俊不禁。而取经的另外三个人,“八戒由于太胖没有挤上车;沙僧还在车站排队买票;悟空说来这没有前途,去倒火车票了”,这不仅在表层符合三个人的形象和性格,也讽刺了春运大潮人太多,胖子挤不上,老实守法的人只能苦等的现象。在此,佛祖和唐僧又被降格为蝇头小利争执的小市民形象,佛祖主动关心唐僧返程火车票的预订,意在想便宜卖掉手中的票,但“每张加 500 元”,唐僧用秽语“你妹……”来回击,并希望取经后把来的火车票给报销掉,但招致佛祖“坏蛋儿,报不了”的回绝。嬉笑怒骂尽在其间。最后图集言归正传,唐僧想知道春运买票难何时能解决,而神通广大、象征最高权力的佛祖却将责任推给太上老君,“给贴道布(‘铁道部’谐音)部长太上老君打了个电话”。太上老君影射着铁路管理部门。可以说,春运成为一个解不开的结,民间用智慧调侃戏谑了“相关部门”。

在新媒介时代,网民们越来越娴熟地利用各种媒介手段创作一些恶搞文本,而且可以随时将不同文本组织在一起。这些恶搞文本形式多样,有文字、声音、图片和视频等,形成了一个蔚为壮观的恶搞奇观。这些恶搞性的亚文化文本通过与现实的对接,为大众提供快感和寓意,对主流文化和媒介产生了巨大影响。

拼贴的风格

恶搞文化还是一种拼贴(bricolage)的大众文本。大部分恶搞文本都不是原创性的,而是盗用与改写,将各种盗用来的元素按照拼贴者的意思组合在一起,以产生一种“新文本”和“新意义”。拼贴并不是什么新鲜的手段,在大众文化泛滥之前的精英艺术中,已经被广泛使用。例如,前面提到的杜尚对达芬奇名作《蒙娜丽莎》的颠覆,就是通过在蒙娜丽莎的脸上拼贴了一撇胡须,就成了一个新的艺术形象。

而在今天,新媒介为大众使用这种拼贴的手段提供了便利,大众可以很随意地借助于媒介技术,将不同的文字、图像和事物拼贴、组合在一起,以实现自己的意图。特别是在恶搞文化中,当恶搞者无力用体系的方式来戳穿主导意识形态的神话时,借助盗用而来的元素,拼贴成自己需要的话语,是颠覆和嘲笑体制神话的一种便捷方式,因为拼贴能打破不同事物之间的疆界,将各种差异性因素组织在一个文本之内,让各种不和谐的元素统一在一个文本里,它们互相比照,形成一种强烈的反讽效果,从而消解原文本的完整性、庄严性。

例如,在网络空间里大量的拼贴图片中,拼贴者常采用“移花接木法”,将反差较大的两组或多组图片、文字进行分解再组合,利用角色、时空的陌生化产生“间离效果”和喜剧效果,表达网络恶搞者的喜好憎恶。毕业于清华大学美术学院的安迪,便用传统的油画方式进行恶搞创作,他自称属于“恶搞现实主义画派”。在他的笔下,李宇春和向鼎被拼贴在一起,重新组合成一个“雌雄同体”的图片。从湖南卫视《超级女声》(2005)比赛中走出来的超级女生李宇春经常是一副男性化扮相;被娱乐界称为男版“李宇春”的向鼎则相反,经常以一副女性化打扮出现在世人面前。现在画家安迪用油画将他们两人重新拼贴，让他们拥有一个身躯，将彼此对立的性别统一起来，男女二元对立的传统性别观念在这里被颠覆，这个“雌雄同体”的形象可以说既不是男性，也不是女性，过去对于性别的一般定义在这里完全失效。

这幅“雌雄同体”的恶搞图片还有一个值得注意的地方就是尽管“雌雄同体”，他们的身躯已经完全融为一体，但两个人的头部却各自独立，观众仍然能够辨认出来谁是李宇春，谁是向鼎。头部的独立似乎意味着尽管躯体（肉身）可以通过拼贴完全融为一体，但男性和女性之间的主体及精神差异（头部代表精神）依然存在，他们的头部没有统一，各自独立，互相区隔。并且两个人的面孔都带着相同的微笑，做着相同的代表自信、胜利的手势，但是如果以罗兰·巴特的符号分析却包含了不同的意指，相同的微笑，相同的胜利手势，到底是代表男性的自信，还是女性的自信呢？这是一个值得深究的话题，当然，在这幅恶搞拼贴图片中，无论是代表李宇春的头部，还是代表向鼎的头部，都似乎在向对方迁就，包含在神情、姿态上迁就对方，也就是说尽量向对方靠拢。

因而在这幅奇妙的“雌雄同体”的恶搞图片中，统一中又包含了差异，差异中包含了统一，彼此对立的世界不和谐却又有机地统一在一个世界里。这或许是今天中国男性和女性关系的生动形象的写照。过去的父权制体制已经遭到了严重挑战，那种“大男子主义”已经越来越失去昔日的威风，不得不向女性做出妥协与让步。而在现代社会的工厂制度环境中和现代都市的消费主义氛围里，多数女性走出了家庭，渐渐拥有了独立于男性的力量，特别是在娱乐界中，女性拥有了更多话语

油画家安迪创作的一幅李宇春、向鼎“雌雄同体”的油画

权，当然，她们的力量还不足以完全与男性抗衡，双方只得互相妥协和谅解，维系着一个葛兰西说的“动态的平衡”。

被恶搞的罗比尼奥，罗比尼奥被拼贴成无数个形象

安迪的恶搞油画是一种“精英主义”的恶搞，仍然被其限定在艺术创新的范畴内，但新媒介时代的更多恶搞图片则是一种“大众恶搞”。例如，左面这三幅恶搞图片就是普通青年网民对明星的恶搞，巴西著名球星罗比尼奥被网民用不同的媒介拼贴成林肯、切·格瓦拉、拉登等历史人物形象，历史人像与现代人像组合在一起构成了一种强烈的恶搞效果。这样，经过拼贴后的罗比尼奥便不再是罗比尼奥，而可能是林肯、切·格瓦拉或拉登。

这些恶搞型的拼贴图似乎试图告诉观众，每个人都可以变成另外一个形象，只要通过拼贴就可以实现，但每一个新形象之间却可能截然不同，互相冲突，甚至完全对立：林肯代表着民主、自由和平等，代表着种族解放；切·格瓦拉则代表着一种波西米亚的精神，是一种自由革命的象征；拉登则是一个恐怖主义分子，是一个恶魔的化身。经过重新拼贴，罗比尼奥这个球员被分裂为“多重形象”。从更深层的意义而言，这三幅恶搞图片也许要说明的是，每个人其实都有“多重形象”，是多元矛盾的统一体，每个人既可能是伟大的林肯，也可能是浪漫的切·格瓦拉或者是邪恶的拉登，当然，也可能什么也不是。

但从另外一个角度而言，经过重新拼贴的恶搞图片只是有点像历史人物林肯、切·格瓦拉和拉登而已，他们并不真的是林肯、切·格瓦拉和拉登的相片，“他们”是一个单数，是罗比尼奥，也就是说，这些图片只是罗比尼奥一个人的不同“扮相”，罗比尼奥就是罗比尼奥，他不是林肯，也不是切·格瓦拉或拉登，他是他自己。这些“扮相”只是部分地像而已，甚至可以说，在这些恶搞的拼贴图片中，“林肯”反而失去了林肯应该有的气质、面貌和精神，仔细考察一下就会发现，罗比尼奥扮演的林肯目光呆滞，毫无历史图像中林肯的那种领袖气质；经过罗比尼奥扮演的切·格瓦拉也不再具有波西米亚的革命浪漫主义气质，相反，这个形象有点神情茫然，仿佛对革命前途充满了悲观情绪；经过重新扮演的“拉登”，也不再是网络和电视媒介上那个面带微笑，却一脸狡诈、邪恶的形象，相反，更像一个失意的阿拉伯商人。历史人物被电视、新闻报纸和网络等媒介塑造的“刻板印象”，被拼贴者以恶搞的方式打破了，那些被媒介塑造的刻板人物形象在拼贴的游戏中瓦解。

再者，林肯、切·格瓦拉和拉登这三个本来是不同历史时代的人物，他们各自代表着不同的时代，但是恶搞者利用拼贴的方式将他们统一在一个普通运动员罗比尼奥的身上，他们身上原有的那些历史感和历史背景统统被消解。我们从这些图片中已经感受不到任何历史的痕迹，尽管这些人物身上的衣服仍然保留着不同时代的差异，但是现在却被杂糅在一个时空里，而背景被抽空，于是这些经过重新扮演的“历史人物”处于一种悬空的状态之中。

进一步而言，这些图片不仅消弭了原来人物的历史深度，而且就像安吉拉·默克罗比在讨论英国 20 世纪 80 年代一些青年时装亚文化现象说的那样，这些拼贴图片反映了当下一种情绪，那就是对于当下社会的无力感，无法生产出严肃图像，只能借助于旧日图像来“弥缝”：

对未来缺乏信心导致了整个文化都在向后看，而

> 且怀着感伤与温柔。现代社会无力生产严肃的图像或文本给予人们意义或方向。这种鸿沟只能被旧日的图像所弥缝,这种空白只能由文化古董来填补。[1]

人们借助于拼贴来"怀旧历史",但所带来的或许是更大的伤感,不过,拼贴者将这些形象统一到罗比尼奥身上,也许仅仅出于一种恶搞的快感而已。

除了恶搞明星名人的拼贴图片之外,在今天的媒介时代,发达的媒介手段让许多普通人被剪贴、拼凑成夸张变形的恶搞作品。例如,在网上广为流传的"百变小胖"系列、"重庆钉子户"系列、"快男十三强"系列等都是典型的利用 PS 技术制作的恶搞类图片。"百变小胖"原名钱志军,因其"愤世嫉俗"的一次回眸,被组合拼贴在各种电影海报、游戏角色、明星偶像和经典艺术图画上。这种恶搞性的拼贴图片越来越"日常化",一方面说明今天的媒介技术让许多人掌握了拼贴艺术,拼贴不再是一种先锋的艺术手段。另一方面,大量恶搞性拼贴图片不仅颠覆了人们对主流文化的"刻板印记",也代表了今天大众一种日常生活的态度,即希望通过随意性的拼贴,让生活变得丰富多彩一些。"百变小胖"经过拼贴,变身为无数个"搞笑形象",小胖在接受记者采访时强调,只要大家快乐,他自己倒也无所谓,许多恶搞者就是抱着这样的态度进行恶搞。

"五道杠少年"事件

"五道杠少年"事件也是文本拼贴的一个典型个案,表达了

---

〔1〕 安吉拉·默克罗比. 后现代主义与大众文化. 田晓菲,译. 北京:中央编译出版社,2001:176.

一种强烈的社会批判意识。湖北的一位13岁少年黄艺博原是一名普通的初一学生，但有一天他佩戴上武汉市“五道杠”臂章登上了主流媒介，并在主流媒介的报道中被描述成一个极有天赋的“政治少年”——从小关心历史和政治，担忧民族命运和人类战争，两三岁便开始看《新闻联播》，7岁开始坚持每天读《人民日报》和《参考消息》，从不玩游戏。小小年纪已获“全国五星雏鹰奖章”“全国百名优秀好少年”等多项殊荣。这是一个完全符合主流审美价值的少年德育标兵。这位道德标兵不仅佩戴“五道杠”臂章，还经常“研究工作”和“阅读文件”。图片中的他穿着成熟的大衣，经常将一只手轻轻搭在另一只手腕上(或插入口袋中或提着公文包)，两边是同学，显得很有官相。在他的一些公开发言稿里，充斥着中国大小会议的标准语句，诸如“我代表……表示崇高的谢意和衷心的感谢”“预祝……圆满成功”“让我们……作出应有的贡献”等，显得官腔十足。

正是这位年少却很老成、充满官僚习气的政治身份形象，不仅没有赢得大众的热爱，反而引起人们对于中国现实社会日益官僚化现象的不满，大众难以接受这个丧失童真的“官样小大人”。于是，黄艺博的照片被网民拼贴、加工成各种恶搞形象而疯传，成为揶揄权威和反讽现实的“亚文本”，这些恶搞亚文本其实凸显了官民阶层之间的“深层裂隙”。因为在这些亚文本中，“五道杠”不再具有正义性和道德性，而是一种“权力的象征”，这个标志出现在黄艺博这样的少年身上，说明权力崇拜在中国已到了令人咋舌的地步。颇有意味的是，在另外一幅恶搞“五道杠少年”的图片中，黄艺博身边多了一位漂亮的林妙可。林妙可也是主流媒介塑造的“少女典范”，她在北京奥运会上以一曲《歌唱祖国》成名，不过，后来的报道证实她是假唱。威风凛然、身着黑色风衣的黄艺博与拥有清纯的脸蛋、身穿白色裙子的林妙可组合在一起，一副“郎才女貌”状，却让大众感到很荒诞搞笑。因为在大众眼里，他们的组合将“假正经”演绎到了极致。再次，“权力崇拜”不仅在成人世界里随处可见，而且蔓延到青少年群体，这幅恶搞图片也是对官僚化的成人和少年世界的“双重失望”。

黄艺博的正统“宣教形象”还被拼贴在红色经典京剧《红灯记》中的李玉和身上，李奶奶和铁梅用一种崇拜的眼神望着这位胸前粘贴了无数勋章的“黄艺博”，俨然他不再是人而是“神”；黄艺博同样还被嫁接到康熙皇帝、袁世凯的身上……如此一来，黄艺博或穿着龙袍，脸上印着道教八卦图，围绕八卦的三条横被置换为“五道杠”。甚至还有漫画的创造拼贴——老虎坐在梳妆镜前边感慨“谁拿‘王’当回事啊，只有‘五道杠’才是王道”，边将头上的“王”字改为五条横杠（意指“五道杠”）。在这些恶搞作品集中，恶搞者把黄艺博与代表最高权力的神、人和动物并置，重构和想象黄艺博被万众膜拜的盛况，实质是通过恶搞反思当今中国的官本位思想，并以此揭露“五道杠少年”本身就是被主流媒介建构的“神话”。

总之，在“五道杠少年”事件中，原本互不相干的形象、话语、情节就这样被恶搞者巧妙地拼贴在一起，批判和痛斥整个社会的“拜官思潮”，以致连青少年也未能幸免，失去了天真本性。值得注意的是，像费斯克所说的那样“在他们的场所内部，凭借他们的场所，建构我们的空间，并用他们的语言，言传我们的意义”[1]。大众的恶搞使用的全是权力阶层的那一套，恶搞者用“游戏”的方式进入那些已然确立的“神话”，通过重建“神话”反而瓦解了“神话”。罗兰·巴特就说过这样的话，对抗神话的最佳武器也许是神话自己。

随着图片恶搞的进一步发展，单幅图片上多种元素的“简单

---

〔1〕 约翰·费斯克. 理解大众文化. 王晓珏，宋伟杰，译. 北京：中央编译出版社，2001：44.

拼凑”，已暴露出信息量的有限性，于是有一些恶搞者开始尝试用多格漫画的形式或影像手法来拼贴故事和意义，这样的恶搞使拼贴具有了叙事性和故事的功能。这种拼贴其实在电影中很早就开始运用了，电影中的“蒙太奇”就是一种利用剪辑、重新组合镜头的“拼贴艺术”，而现在一些熟练运用媒介技术的恶搞者，也开始借助于新的媒介手段尝试拼贴出一个个具有连续性的故事。

例如，我们在后面讲到的某电视台内部曾经拍摄的恶搞视频《大史记 2》和《大史记 3》，就是较早利用拼贴手法，从《东邪西毒》《荆柯刺秦王》《铁道游击队》等电影故事中抽取若干镜头，加以重新拼贴、剪辑，组织成一个表现某电视台内部纷争的故事。胡戈的著名恶搞视频《一个馒头引发的血案》《春运帝国》也都是这样，改变过去简单的拼贴方式，利用视频，让拼贴由一种技术手段变成一种叙事艺术。而当拼贴由简单的图画拼贴成一个“故事”时，拼贴就不仅具有强烈的搞笑色彩，而且颠覆性和针对性更强：《一个馒头引发的血案》直接针对《无极》的故事，《春运帝国》则将现实社会中的不合理现象用一个恶搞故事生动地揭露出来。《春运帝国》一开场一串串闪烁的绿色字符从屏幕上方落下，汇聚成“春运帝国”四个大字，如同《黑客帝国》的开篇画面。由《英雄》里秦王造型的陈道明担任节目主播，正襟危坐，面前摆放着一个笔记本，身后的题板框内赫然写着本次节目的主题“中国春季运动会特别报道”。陈道明用严肃的新闻词开场：“观众朋友们，你们好！今天是 1 月 12 日，一年一度的春运又开始了……”随后阐述了春运的重大意义：“春运是人类历史上最大规模的迁徙活动，被誉为世界第九大奇观。”面对惊人的排队买票队伍，他慨叹“竟比寡人的长城还要长啊！”雨夜，广播站提示：“我们的队伍现在已经延伸到 3 公里之外，新来的旅客朋友请到 3 公里之外去排队，不要插队。谢谢合作！Ladies and gentlemen, please pai dui buy tickets. Don't insert dui."中文、英文、汉语拼音杂糅，本身就构成了一个"恶搞奇观"。视频戏仿、拼凑了《喜剧之王》《国产凌凌漆》《百变星君》《鹿鼎记之神龙教》中知名电影片段，周星星（周星驰饰）被重塑成一个急于买票回家过年的民工。《黑客帝国》中的人物变成票贩子和打击票贩子的人民警察，再配上《辣妹子》等歌曲做背景音乐，一部剧情曲折、打斗激烈的警匪片成型了。可以说，《春运帝国》通过拼贴画面和音乐，仿拟社会新闻节目，用夸张的手段，重新组合了一个具有极强反讽意义、有着完整故事情节的新文本。不仅对流行的人或事或已有的宏大叙事进行解构，而且在令人捧腹的同时又指出了社会不良现象，具备一定的理性深度，提炼了草根的声音。

又如在《满城尽爱黄马甲》中，张艺谋的多部影片被拼贴成了一个"豆官奶奶找马甲"的故事。该网络视频将张艺谋导演的电影中巩俐饰演的多个角色集于豆官奶奶一身，"这就是豆官奶奶，小名九儿，大名菊豆，土改时写成了秋菊，学名家珍"。该片带领网民重温过去多个原作品的同时，又建构了一个新的叙述逻辑。由于拼贴者"引用的各个元素，打破了单线持续发展的相互关系，逼得我们非做双重注释或解读不可：一重是解读我们所看见的个别碎片与其原初'上下文'之间的关系；另一重是碎片与碎片是如何被重新组成一个整体，一个完全不同形态的统一"[1]。

排列组合的无数可能性，建立了一个开放的叙事结构，瓦解、动摇了那些固化的、主流文化形态的叙事成规，母本不是天生就是那样的，而始终是某种建构的结果。特别是新兴的网络媒介，不仅让精英阶层拥有话语权，而且让社会大众谙熟了这种

〔1〕 转引自王先霈，王又平. 文学批评术语词典. 上海：上海文艺出版社，1999：679.

形成话语霸权的规则，解构和反抗也就应运而生。《一个馒头引发的血案》之所以成为恶搞经典，是因为它完成了费斯克指出的拼贴之“颠覆功能”，“借助这些功能，主导文化或者天然文化的元素被赋予新的批判性意味，并且被冷嘲而怪诞地并置在一起”[1]。实现了亚文化对主导文化和精英霸权的文化抵抗。克拉克、赫伯迪格等人也肯定了拼贴作为一种亚文化手段具有重要意义。赫伯迪格在其《亚文化：风格的意义》一书中不仅将拼贴风格看成是青年亚文化风格建构的重要手段，而且他援引了克拉克的话，强调了拼贴者的反抗意义：“当拼贴者使用相同的符号体系，再次将不同形式中的表意物体定位于那一套话语的不同位置中，或当这个物体被安置在另外一套不同的集合中，一种新的话语形式就形成了，同时传递出一种不同的信息。”[2]

在这里，我们要指出的是，并不是每一个拼贴者都试图通过拼贴创造一种新的话语形式，许多拼贴并没有产生多少具有创新性的“新意义”，也没有创造出一个“新世界”。詹姆逊就毫不客气地指出，在后现代的影像时代里，“拼贴一词只不过是一个表达力很弱的名称”，更准确地应该称其为“拼凑”，这种“拼凑”在后现代的媒介社会语境中，取代了过去具有先锋精神的“戏仿”的位置：

> 拼凑与戏仿相似，也是一种奇特面具的模仿，一种死的语言中的言语；但它是这种模仿的一种中性的实践，没有戏仿那种别有他意的动机，取消了讽刺的冲

〔1〕 约翰·费斯克. 关键概念：传播与文化研究辞典. 李彬，译注. 2 版. 北京：新华出版社，2004：31.

〔2〕 迪克·赫伯迪格. 亚文化：风格的意义. 北京：北京大学出版社，2009：104.

力，没有什么笑料，也没有任何说服力使人相信随着你不时借用的反常语言仍然有健康的语言常态。因此，拼凑是空的模仿，是一个瞎眼的雕像。[1]

反讽与戏仿

除了互文性和拼贴这两种常用的恶搞手段之外，反讽和戏仿也是新媒介环境中经常使用的恶搞手法。拼贴的本质是一种盗用和拼凑，是一种拿来主义，拼贴者自己并没有多少创造性，他任意支取和盗用他人的成果，经过重新拼凑和组装，形成了自己的文本，促成新意义的产生。但戏仿和反讽则体现出对经典文本的一种更为高调的嘲讽姿态。

戏仿又称戏拟、揶揄、滑稽模仿，是利用某种相似性，往往通过模仿一部严肃的经典文本的内容或风格，从而制造一种荒诞不经的滑稽效果。本来借助的是与对象的"相似性"，但由于模仿得过于逼真，或模仿的完全不是那么回事，反而让相似的两者之间产生了差异和裂隙，而且戏仿者在戏仿的过程中，经常"偷梁换柱"，将戏仿的内容置换，仅仅保留了一种形式，戏仿不是源文本的一般性派生和外化，而是它的戏谑性派生和异化。例如，在《帝国的毁灭》系列恶搞视频中，仍然是原来电影的情节，但现在的内容却变成"作业篇""动车篇""买盐造谣者""中国城管恶搞版""劳动课版"等。原来的镜头情节与新的内容组合之后，产生了一种让人忍俊不禁的滑稽感。被置换的内容则往往是恶搞者根据现实社会来填充，因此这些作品实际上是借助于戏仿，表达对现实生活状况的感受。《帝国的毁灭》多种恶搞版本的出

〔1〕 弗雷德里克·詹姆逊．快感：文化与政治．王逢振，等，译．北京：中国社会科学出版社，1998：171．

现，就是大众借助于戏仿，将现实生活中医疗、教育、城管、交通等种种社会现实问题揭露出来。这种戏仿实际上是一种“双重戏仿”：一方面游戏、模仿了原来的电影情节，解构了原先的经典场景；另一方面，更是借助于原来的镜头，揭露了现实生活，糟糕的现实生活成为其模仿的对象。而戏仿的最终意义是针对现实生活，借助于戏仿来抨击和批判现实。

戏仿文本常常因叙述者的立场转变，进而对源文本进行义理置换，赋予它另类的意义。当今，戏仿演变成恶搞的一个惯用伎俩，正因为它是表达思想和另类意义的重要手段。例如，2008年的三鹿奶粉“三聚氰胺”事件引起舆论大波，网友对经典广告语进行了戏仿：“(1) 喝三鹿牌奶粉，当残奥会冠军；(2) 好结石，三鹿造；(3) 中秋送礼，三鹿奶粉！(4) 三鹿奶粉，后妈的选择；(5) 牛奶，我选三鹿，三鹿牛奶——中国男足指定专用奶！(6) 三鹿奶粉喝了以后，嘿，这腰也不疼，腿也不酸，连心脏也不跳了……”杂糅进多重批判，这种即时性恶搞作为对现实的一种夸张批评，体现出了强烈的现实关怀，深得大众认同。又如，《大电影之数百亿》戏仿了 30 多部中外电影的情节，《007 大战猪肉王子》戏仿了《西游记》《007》系列和电视真人秀节目等。“利用了这些风格的独特性，并且夺取了它们的独特之处，制造一种模拟原作的摹仿。”[1]以闹剧般的娱乐效果展现小市民、小人物的机智幽默。

戏仿总是暗含讽刺，它经常从经典文本入手，并通过取消或颠倒的方式，向人们证明：它的效果是可以模仿的，因此是做作；它的成就是一触即碎的，完全依靠了阅读程式才得以支撑。[2]

---

〔1〕 詹明信. 晚期资本主义的文化逻辑. 张旭东，等，译. 北京：三联书店，1997：400.

〔2〕 詹明信. 晚期资本主义的文化逻辑. 张旭东，等，译. 北京：三联书店，1997：400.

例如,开恶搞视频先河的《大史记》,颠覆了影片中的正统人物形象,用一种怀疑的态度审视着源文本的情节结构和规范,通过戏仿《东邪西毒》《鬼子来了》《霸王别姬》《荆柯刺秦王》《有话好好说》等当代流行电影的片断,以搞笑的对白和音调,其实讲述的却是某电视台内部的“分家故事”。经过“双重涂改”,不仅影片本身人物宣扬的美学和价值标准遭到亵渎,而且再造的人物形象也被“小人化”,每个人都为了自己的利益而蝇营狗苟。戏仿正是利用这种不协调的“落差”,让积淀在大众心中的经典形象瞬间破灭。而在前面提到的“五道杠少年”事件中,“五道杠少年”也是一个被戏仿的对象。

> 小嘛小二郎/肩上嘛挂着五道杠/文章有官腔/长相也有官相/不怕大家骂我狂啊/只怕没官当啰无颜见爹娘/郎里格郎里呀郎格里格郎/没有当官啰/无颜见爹娘/小嘛小二郎/从小就立下大志向/两岁看新闻联播/七岁就把《人民日报》上/国内一片和谐安康 /国外总是啰战争和动荡/枪里格枪里呀枪格里格枪/国内大好啰国外太不像样/小嘛小二郎/天才少年五道杠/父母有眼光/政治明星来培养/长江后浪推前浪/不知道谁会被他拍死在沙滩上/浪里格浪里呀浪格里格浪/领导们小心啰谨防要遭殃/小嘛小二郎/霸气外露有气场/现在是黄大队长/将来可能是皇上/谁敢骂我五道杠啊/长大我要啰让你们做牛羊/强里格强里呀强格里格强/从小就混官场/你们敢跟我狂/只怕是伤仲永/黄粱梦一场

《五道杠少年之歌》戏仿了儿歌《读书郎》,但经过置换后,原曲中热情、健康、快乐以及富有责任感、正义感的读书郎形象不见了，现在变成了从小就不择手段攫取各种权力的“五道杠少年”。这一戏仿利用反差讽刺了那些为官不仁的社会现象。

反讽是所言和所指恰好相反的一种具有嘲讽意味的修辞手法。布鲁克斯和沃伦在《现代修辞学》中说：“反讽总是涉及字面所讲与陈述的实际意思之间的不一致。表面上看，反讽性陈述讲的是一件事，但实际的意思则大为不同。”[1]“表里不一”是反讽的最大特征。在新媒介的恶搞文本里，恶搞者往往通过插入荒诞的元素，瓦解母本固有的意义结构，从表里不一中产生反讽。反讽体现了文本的表征与意义的不一致，这种差异性可以引发观众对表征所指的思考，理解作品的“弦外之音”。

例如，网友自发编制的《2010 年央视春晚节目单》，即以一些社会民生问题作为语境，对在主流话语中具有合法性、正当性和仪式性的春节联欢晚会做了意义的扭转。30 个节目全部是对《2009 年春节联欢晚会节目单》的戏仿。节目分为歌舞、独唱、双簧、小品、魔术、杂技、京剧、相声等，但内容却发生了根本变化，表演者借助于表演对各种不公平的社会热点事件进行冷嘲热讽。相声《卖药》，表演者：侯耀华、赵忠祥，侯耀华、赵忠祥在 2009 年曾多次涉嫌拍摄虚假药品广告，而对药品的质量、疗效却一无所知，该节目中两人互相吹捧，形成了强烈的反讽效果。动物表演《躲猫猫》，表演者：云南省晋宁县看守所，以捉迷藏的游戏名称戏解了看守所内一男子的“死因”。而魔术《纸币开手铐》，表演者：昆明市公安局，解释犯罪嫌疑人邢鲲系用纸币捅开手铐，用携带的鞋带自缢身亡，死者伤痕为群众在制伏过程中所致。二者都讽刺了执法部门逃避监督或暗箱操作，令大众难以了解真相的说辞。京剧《狸猫换太子》表演者：湖南省邵东

〔1〕 Cleanth Brooks & Robert Pann Warren：“Modern Rhetoric”. New York，1979：129.

县公安局政委王峥嵘、罗彩霞、王佳俊，以对经典曲目戏仿的方式，讽刺了现实中高官以权谋私，让自己的女儿顶替他人上大学的违法事件。杂技《楼倒倒》和《楼粘粘》则反讽了中国房地产商家追求暴利而不顾人民群众利益的嘴脸。可以说，网络《2010年央视春晚节目名单》的表演形式、节目名称和表演者三者之间在看似荒诞的表象下形成了反讽的张力，表达了对春晚空洞形式化的反感。

戏仿和反讽的恶搞手法，避免了与权威的正面对抗，在歧义、含混的表述下避开了与权力话语的直接交锋，却深刻地揭下了权力话语的“虚伪面孔”。除了互文性、拼贴、戏仿和反讽之外，恶搞的手段还包括降格、脱冕等。脱冕是通过异化权威和神圣事物，制造出小丑、傻瓜和骗子形象，使社会原有的等级制度和地位差别在嬉笑中消弭，从而让参与者充分享受自由、平等所带来的快乐。在当前的恶搞中，小丑的扮演者一般为权威人士、网络红人，甚至是网络中的“虚拟角色”，如“小月月”就是网民制造的一个虚拟的名人小丑。他们处处表露出滑稽和无知，有时还融入傻瓜和骗子的特质，目的是打乱正统世界的秩序。《夜宴真相解密》就是一部塑造小丑、傻瓜形象的恶搞视频。在该视频中，知名导演陈凯歌、冯小刚都被降格为勾心斗角、出尔反尔的小人，他们语言直白粗俗、愚蠢滑稽。降格和脱冕剥去了他们原有的光环。所以巴赫金高度赞扬了脱冕的反叛色彩，认为它不仅夺走了高层或经典的权力象征物，而且在脱冕意识中特别鲜明地表现了狂欢式的交替更新的精神，蕴含着创造意义的死亡形象。

脱冕仪式仿佛是最终完成了加冕。“狂欢节庆贺的是交替本身、交替的过程，而非参与交替的东西。狂欢节不妨说是一种功用，而不是一种实体。它不把任何东西看成是绝对的，却主张一切都具有令人发笑的相对性……脱冕这一仪式中所有的象征因素，全都获得了第二层意义——积极的意义。这不是干巴巴的绝对的否定和消灭（狂欢式里如同没有绝对的肯定一样，也没有绝对的否定）。”[1]脱冕的过程就是加冕的过程，周星驰一直在影视中扮演着小丑、傻瓜、骗子的角色，却成了青年人顶礼膜拜的明星，他的形象和台词不断被引用、改编、转载。正是这种正反对照，表现出“新旧交替的创造意义”，对抗着神圣、权威，从而实现某种“自我解放”。

总之，借助于日新月异的新媒介，青年大众不仅有颠覆主流文化权威的想法，亦有了更多实践的机会实现自己的想法。他们可以用拼贴、戏仿、反讽等方式，解构由主流媒介建构的“神话”。

恶搞文化的符号游戏

不过，我们也不能夸大互文性、拼贴和反讽这些恶搞文化手段的作用。的确，有不少青年恶搞者使用拼贴、复制和反讽，是为了表达一种反抗意识，是为了颠覆主流阶层的文化霸权。但跨媒介的恶搞系列，虽然打着互文之名，却依然无法避免单纯繁殖和过度繁殖引发的深层矛盾。恶搞作品主要是通过模拟、戏仿那些所谓的经典作品，缺乏自己的原创性，这是波德里亚所说的一种“符号生产”。尽管许多恶搞作品是为了颠覆权威，解构崇高，但是过度繁殖反而造成了意义的丧失，许多恶搞作品只知道解构原先作品的意义，却没有重建意义的能力，大量这样的恶搞作品反而让受众的理解更加混乱。

但新媒介环境中的恶搞文化更多地体现的是一种文本奇观

〔1〕 米哈伊尔·巴赫金．陀思妥耶夫斯基诗学问题//巴赫金全集·诗学与访谈．白春仁，顾亚铃，译．石家庄：河北教育出版社，1998：164.

和符号游戏。新的媒介技术手段鼓励了青年大众参与创作，但并没有教授给他们新颖、独创的手法。大众只是在拼贴、复制的过程中，建构新的意义，不过，在这种广泛参与和创作过程中，各种恶搞文本不断繁殖、衍生，形成了一个令人眼花缭乱的、庞大的文本奇观。这个文本是庞大的、没有疆界的，文本与现实的差别也不再清晰。有时大众甚至无法再分清楚，哪些是现实，哪些是被建构的文本，或者说，所有的一切都变成了文本，包括现实也是文本，处在不断的建构之中，这是由媒介、现实和事件等各种符号组成的一个不断衍生的“超级文本”。这个“超级文本”取消了能指和所指的差别，让现实世界和想象世界不再区隔。居伊·德波和道格拉斯·凯尔纳都看到了在今天，随着媒介技术的发展，当代文化所发生的深刻变化，那就是整个世界变成了一个由各种媒介符号构成的奇观：

> 人类进入新的千年以后，技术的发展使媒体更加令人目眩神迷。媒体在日常生活中也发挥着更加持久的作用。在多媒体文化的影响下，奇观现象变得更有诱惑力了，它把我们这些生活在媒体和消费社会的子民们带进了一个由娱乐、信息和消费组成的新的符号世界。媒体和消费已经深刻地影响着我们的思想和行为。用德堡的话来说：“当真实世界化为简单视像时，后者就成为一种真实的存在，其催眠和麻痹的作用十分有效。奇观变成一种趋势，使人们通过各种特定的中介物认识世界（这个世界已经不能用直接的方式来理解）。[1]

---

〔1〕 道格拉斯·凯尔纳．媒体奇观——当代美国社会文化透视．史安斌，译．北京：清华大学出版社，2003：3.

今天的青年大众就生活并沉浸在这样的超文本奇观的世界之中，这种超文本奇观的形成与他们的参与有很大关系，各种各样恶搞文本的产生就是青年所为。但是在消费主义和媒体文化的影响下，他们的参与更多的不是为了创造一种独一无二的“新艺术”，也不是像20世纪60年代的嬉皮士运动，是为了建构一个“新型社会”；相反，他们沉浸在虚幻的、符号的游戏之中，将文本任意肢解和重组，却没有勇气走进现实，对现实社会中的真正问题“说话”，他们只知道玩一些“含沙射影”“移花接木”的雕虫小技，却没有与主流文化进行真正对话、对抗的勇气。因此，我们在很多时候根本不知道这些文本的作者是谁，也不需要知道，因为富有独创精神的作者已经死亡，这些文本随时可以改变和再生产。

尼尔·波兹曼就对当代文化通过模拟、戏仿、复制等方式过度繁殖的现象表示担忧。他援引布尔斯廷和罗森的心理学原理，告知那些被反反复复使用的词（文化符号）会因重复耗尽了它的“象征价值”，“符号失去意义的过程是一个因变量，如果用得越频繁，如果不问语境滥用，它们失去意义的速度就越快”。其深刻和深邃被委琐化，这也终将导致“符号的耗竭和叙事的流失”〔1〕。当形式的新颖，行为的趣味性、刺激性和果敢的颠覆性潮流褪去新鲜感后，不经过长期构思、练习的粗制滥造只会使恶搞作品不断更新却难以积累，导致自我重复而丧失意义。

今日的青年大众只能借助于文本的语言游戏“糟蹋”已建构的主流文化来自娱自勉，他们没有反抗的勇气，很多时候仅仅是一种恶搞作者让自己欢乐的“玩笑”。胡戈就说：“恶搞是一种新型的开玩笑的方式……是为了追求乐趣，博大家一笑，就像说相

〔1〕 尼尔·波兹曼．技术垄断：文化向技术投降．河道宽，译．北京：北京大学出版社，2007：102.

声，让大家高兴就好。咱们中国人笑得太少了。”[1]事实上，当下绝大多数的恶搞作品都不过是博人一笑，并非是一种严肃的文化批评。

特别是这些恶搞通常都带有一种庸俗色情的成分，如一些高校毕业生的图片竟然和色情图片毫无区别。在《3D 肉蒲团》的背景前，5 个学士服男生手捧 1 个学士服美女；华南师范大学男女生列队成 AV 状；身穿白色大裤衩的一位男生横卧在地上，其身旁摆满了女性小玩偶；某男生内裤外穿；裸男在学校某楼顶作“英雄射大雕”状；裸露上身的两位美女用纸盒半挡住丰满的胸部，纸盒上写着“融入中南大学，实现人生理想”的大字以及“经世致用”的校训和校徽；某学院两位女生甚至用秀美的大腿将男生夹在中间……恶搞图片和视频内容集中于身体和性的方面，大学生用身体抒写恶搞，一方面是为了反叛一本正经的学校教育体制，另一方面，也是一种自我欲望的表达。然而，“大学生小丑”给人们带来瞬间的新鲜感、窥视身体的愉悦感，也会因泛滥的低俗而将自身消磨殆尽，让受众心生厌倦和麻木。

这些恶搞作品本身是粗糙和恶俗的，热衷于短暂的逗乐和表层的热闹，缺失对人生、社会、生活的叩问和深究，是青年人信仰缺席的表现。恶搞者把娱己娱人的游戏态度拼贴进恶搞文本中，大众就在这娱乐消费中被巨量的符号夹裹前行，体验着暂时、不稳定的狂欢，不知不觉中抽空了自身对政治、文化反思的力量，追逐了一场毁灭精神的虚妄的自由。

这种符号游戏不仅引发了一种青年大众的话语狂欢，而且经常演变为一种话语的暴力。面对互联网海量信息和意见的涌现，作为批评主体的大众的文化水平、鉴别能力有限，更难达到

---

〔1〕 李径宇．胡戈：我的内心充满搞笑的念头．中国新闻周刊，2006－03－06.

准确深刻的程度。就如在“五道杠少年”事件中，很多恶搞者并没有对事情的原委进行深入追究，大多凭着自己对批评对象黄艺博官相、官腔的印象来展开漫游式的发挥和联想。在“集体无意识”的作用下形成一边倒的态势，勒庞在《乌合之众》一书中指出，群体中的人认为自己可以对残暴行为不负私人道德意义上的责任，因为他强烈地意识到自己要为一个更崇高的事业负责。恶搞群体在责任意识的激励下，不仅不自觉地自我渺小化，还可能将他人的利益看得同样轻如鸿毛。结果，不择手段的排他性做法缺乏自我节制，导致了一场话语暴政。群体性的大众狂欢，使得理性的反思在群情激愤下软弱无力。一边在PS照、歌曲、漫画集等恶搞作品中释放自己的不满，一边用尖酸、刻薄的嘲讽封杀了年仅13岁的孩子的“个性”与“自由”，给黄艺博造成了很大刺激。黄艺博的父母曾说：“我们每一次回应只换来无休止的谩骂。”此时，网络疯狂的拼贴走向恶意的发泄，流于一种简单的人身攻击，没有带来对黄艺博被剥夺童年之根源的冷静、深刻的审视。

根据后来的报道披露，黄艺博出生在一个典型的双职工家庭，母亲在军工系统服务，父亲黄宏章是湖北一家省直单位政工处的副处长。黄宏章的“急躁和严厉在附近出了名”。曾经也想看动画片的黄艺博在父亲的权威下屈服，黄艺博入学后，父亲就拿《人民日报》和《参考消息》充当其识字读物。黄宏章曾说：“当官发财，哪个老百姓不想？”长期浸淫在父亲的威权教育和主流媒介环境中，才使得黄艺博比同龄人老成。他举止上的官派作风，只不过是万千中国家庭望子成龙的样板，黄艺博也是功利主义教育的受害者，是人们对社会官僚化现象不满的“替罪羊”。

在这次恶搞事件中，全盘否定的排他情绪给恶搞者带来了全民审判的大众狂欢，然而轻易侮辱、诋毁同样是受害者的黄艺博，本身就充斥着狭隘的利己主义。抽空的是一种理性协商和公众的“私人自律”的精神。大众对于国内不良问题的集体声讨有着很高的参与积极性和广泛性，恶搞者尤以一种娱乐化、消费性的方式进行鞭策。然而，这并不代表中国已然进入民主、自由的公民社会。“骂客”们“企图用唾沫淹死一切不符合其道德—美学标准的事物，他们使用酷语（暴力话语）和秽语（脏词）来羞辱猎物，痛击并击毁他们的名誉”[1]。口水狂潮使黄艺博在最快的速度内被最大程度地“妖魔化”。这种恶搞在形式上仿佛是在行使公民的公共权力，骨子里却缺乏深刻的批判意识和人文关怀，抽空了公民社会的内核。

〔1〕 朱大可．流氓的盛宴——当代中国流氓叙事．北京：新星出版社，2006：352.

今天的文化是什么？网络上流行的各种各样东西，尤其是恶搞的一些活动，能算一种文化吗？值得去关注吗？这些问题让许多人困惑，也产生过种种争论。不过，我们认为恶搞不仅是一种行为，其实也是今天新兴文化的一种形态，我们不能忽视这种文化形态，片面地认为它一文不值。

创造新文化？

恶搞文化不是青年人无聊行为的体现,而是一种青年反文化行为,表达了青年群体对于主导文化的不满。他们希望通过恶搞这种方式颠覆和解构主导文化,并创造出自己的文化形式和文化风格。今日媒介技术的迅速发展和社会观念的日益多样化,为他们创造新的亚文化风格提供了便利条件。不过,我们要看到,恶搞文化与传统的、主导的文化实际上存在着千丝万缕的联系,有不少恶搞文化本身就脱胎于主导文化,是在主导文化内部生长和形成的,与其他亚文化共同存在于主导文化的结构之中,它也在有意无意地传达主导文化的某些价值观念。

反文化的时代

这一章是从文化上进一步认识恶搞文化现象。不过,要理解文化的概念并非一件容易之事,关于文化的说法历来众说纷纭。不同地区、阶层、性别和年龄的人所认同的文化各不相同。在如此丰富的文化世界中,有一些文化占据主导位置,有一些文化居于次要位置。占主导地位的文化通常被称为主导文化,围绕在主导文化周围的是一些亚文化。通常在一个社会或民族中,主导文化可能只有一个,亚文化则往往有无数个。例如,在美国,主导文化是以白人男性为主体的民主文化,黑人和女性的文化则属于亚文化。当然,主导文化和亚文化的关系是复杂的,亚文化通常被认为是在对主导文化的反叛过程中形成的,通过颠覆、反叛和解构主导文化,形成自己的文化形态。20 世纪 60 年代,反叛主导文化的亚文化在美国盛行,丹尼尔等人就将这些反抗的青年文化命名为"反文化","60 年代生成了一种新型文化,可以称之为幻觉文化,或者照它的倡导者的主张,叫它'反文化’，它高喊要反对资产阶级价值观和美国传统的生活方式”[1]。他把这种反文化看做是反叛和对抗资产阶级价值观和传统生活方式的一种新型文化。但也有人强调，亚文化本来就是在主导文化内部生长出来的一种文化形态，是主导文化的一个“子集”：

> 在任何复杂的、分层化的社会中，都有几种文化并存，它们在主导价值体系所允许的范围内发展。主导价值体系也都不是同质不变的，而是处于不断修正和适应统治思想及价值观的状态中。在阶级社会中，主要的文化形式都是阶级文化，亚文化可以被定义为这些较大的文化集合中的“子集”，那么，亚文化拥有这些较大的阶级文化（学者们有时称之为“母文化”）的某些元素，但也同它们相区别。例如，劳动阶级的黑人亚文化，都拥有城乡工人阶级文化的某些成分，但也有黑人文化的特殊成分。黑人工人阶级是不同于白人工人阶级的。亚文化也与整个主导文化有关联，因为它具有渗透性，特别是通过大众媒介，因此是不可避免的。一种亚文化的地位必然要牵涉到阶级文化的地位，亚文化可以是阶级文化的延伸，也可以是与之背道而驰的。[2]

上述不同看法，实际上揭示了亚文化的两个重要特性：反叛性和从属性。一方面亚文化是在颠覆和反叛主导文化的过程中形成的，另一方面亚文化本身是主导文化的附属和子集，经常是

〔1〕 丹尼尔·贝尔. 资本主义文化矛盾. 赵一凡，蒲隆，任晓晋，译. 北京：三联书店，1989：121.

〔2〕 迈克尔·布雷克. 越轨青年文化比较. 岳西宽，等，译. 北京：北京理工大学出版社，1989：8.

在主导文化内部生长出来的。这就让人容易理解，为何许多亚文化经常在形式和内容上"挪用"主流文化的许多元素。

理解了这两点，有利于我们认识今天在网络上随处可见的恶搞文化。显然，恶搞是一种激烈的青年反文化行为，一方面，它表达了青年群体对于主导文化的一种不满，希望通过恶搞这种方式颠覆和解构主导文化，媒介技术的迅速革新和社会观念的快速变化，为他们提供了有利条件；另一方面，恶搞文化本身与传统的、主导的文化存在千丝万缕的联系，有不少恶搞文化本身就脱胎于主导文化，是在主导文化内部生长和形成的，与其他亚文化共同存在于主导文化的结构之中，经常也传达主导文化的某些价值观念。

主导文化本身也是丰富多彩的，由各种文化构成，在主导文化内部，会有一批具有反叛意识的"先锋"，他们与陈旧的艺术观念决裂，创造出形形色色的恶搞文化，表达对传统文化和道德观念的不屑。前面提到杜尚曾用一种恶搞的手法对待达芬奇的名作《蒙娜丽莎》。20 世纪 60 年代，伴随着风起云涌的社会运动，敏感的艺术家们创造了无数令人目眩的先锋文化艺术。这些文化艺术意在打破传统艺术的陈规，向人们展现和兜售新的艺术理念。例如，女艺术家卡罗丽·史尼曼在 1975 年的一次行为艺术表演中，以自己的身体为表演对象，她从自己的阴部抽出了写满字的诗卷，通过这样激进的表演反对男性主导的艺术世界。更有不少艺术家用一种很随意的方式颠覆传统艺术。1967 年，米奇兰格罗·皮斯拖莱特的《破布的维纳斯》将罗马著名雕塑维纳斯与一堆被丢弃的破烂衣服组织在一起，形成了一种具有强烈恶搞和反讽意味的行为艺术。有研究者将这样的艺术称为"随笔式玩笑"[1]，这位批评家还

〔1〕 李占洋."随笔式玩笑"——由法国新现实主义与突尼斯画派所想到的.东方艺术，2011(7).

指出,中国1985年的美术新潮流就受到这种“随笔式玩笑”艺术风格的影响。尹国均在《先锋艺术》一书中则更详细地介绍了大量带有恶搞性的随笔式玩笑的作品。例如,刘溢的《拉链》(布上丙烯),展现了一个赤裸女性的下体,而女性的阴部竟然被安装了一条拉链;王德仁的行为艺术《抛撒避孕套》表现的是一群青年正在随地乱扔避孕套;张念的行为艺术《孵》在一个铺在孵蛋上的白纸上写着“孵蛋期间　拒绝理论　以免打扰下一代”[1]。这些先锋作品都带有一种强烈的随意性和恶搞色彩。先锋艺术中的恶搞意识对于今天随处可见的恶搞文化具有重要影响,今天有一些恶搞现象仍然是借助于实验艺术的名义进行的。例如,2010年9月诗人苏菲舒在一次诗歌朗诵会上当场脱光衣服,进行裸体朗诵,引起了大众的广泛争议。2011年3月,一位名叫成力的艺术家在北京小宋庄当代艺术馆进行了一次现场性交的行为艺术,引起了轩然大波。这两次带有恶搞性质的行为艺术引发了关于艺术和道德、艺术与法律关系的广泛争论。

不过,上述事例应该让我们明白,不能简单地看待当代社会形形色色的恶搞文化,不能将其统统看做是一种低级恶俗的事物,不能简单地认为所有恶搞文化都是垃圾,毫无价值。在不同的历史和现实情境中,恶搞文化会产生出不同的意义,有些恶搞文化作品具有强烈的颠覆经典的倾向,具有浓厚的“反文化意识”;有些恶搞的文字、图像和视频仅仅是为了大众或个体的娱乐消遣,并没有强烈的反文化企图,也不打算创造什么新文化或者新艺术;有一些恶搞文化,既不是反文化,也不是为了在工作之后给自己找个乐子,完全是因为精神空虚,对任何事物都提不起精神而创造的一种“无厘头文化”;有一些恶搞文化带有浓厚的政治色彩……因此,我们在这里根据历史和现实情境,将当代

[1] 尹国均. 先锋试验. 上海: 东方出版社, 1998.

恶搞文化的类型分为以下几种情况:其一,具有强烈颠覆色彩的一种反文化;其二,为大众和个体提供快乐的一种娱乐文化;其三,一种具有恶俗趣味的粗俗文化;其四,一种反映当代人精神和生活空虚的“无厘头文化”;最后,在今天的消费文化语境中,大部分恶搞文化不可避免地贴上了商业标签,是消费时代的一种“商业文化”。

先谈一谈作为反文化的恶搞文化。这是恶搞文化的主流,这部分恶搞文化秉承着先锋意识和青年文化的反叛精神,表达对主流文化的反叛和颠覆。前面说过,反文化与主导文化之间的关系很复杂,有一些恶搞作品,本来就是从主流文化的内部生产出来的。例如,在中国较早的一部网络恶搞视频《大史记》之后,出现了《大史记 2》(原名《分家在十月》、又称《讲述电视流氓自己的故事》)和《大史记 3》(又名《抢粮》)。《大史记 2》和《大史记 3》据说都是中国某电视台内部制作的一部“自娱自乐”的作品,这两部恶搞视频对《东邪西毒》《鬼子来了》《荆柯刺秦王》《铁道游击队》等中外经典电影进行了重新剪辑和改编,并配上了声音和文字,经过重新拼贴之后,两部电影原来的故事被完全消解,改头换面的新视频是调侃中央电视台内部闹纷争的一部“现代故事”。并且这两部恶搞视频都是“双重解构”,首先,通过重新拼贴解构了《东邪西毒》《鬼子来了》《荆柯刺秦王》《铁道游击队》等电影的故事,原来完整的故事被肢解为若干个支离破碎的片段场景,原来电影镜头的意义已完全改变,这些镜头被重新拼贴,被置于新的社会语境中,再添加一些新的语言,形成了一种搞笑、反讽的效果。其次,经过重新拼贴和改造,《大史记 2》和《大史记 3》恶搞的主要对象变成了现实社会中某电视台的新闻频道。《大史记 2》和《大史记 3》这两部源自主流社会内部的恶搞视频,正说明主流文化本身不是铁板一块,在主流文化内部,存在着不同的权力和利益冲突,两部经过改编的恶搞视频表现的正是一个“内部矛盾故事”,主导文化在这种内部矛盾中四分五裂。最早的反文化往往就是从主导文化内部分裂中产生的。《大史记 2》和《大史记 3》均从内部揭开了主导文化本身的面纱。在大众的眼里,某电视台向来意味着权威、正统、严肃、秩序,但现在变成了一个混乱、纷争、内讧和失序的世界。两部恶搞视频以反文化的姿态,让大众在哈哈一笑中重新认识了某电视台这个权威媒体的形象。

当然,更多的恶搞作品是出自边缘的、非主流的青年人群体之手。他们对于一本正经、高高在上的主导文化十分不满,尤其是当一些占据主导地位的权威人士,生产出与其地位并不匹配的文化产品时,青年群体就会借此机会颠覆他们,揭开他们卖弄玄虚、故作深沉的虚假面孔。在这方面,我们多次提到的胡戈的恶搞视频《一个馒头引发的血案》是一个典型,这部视频短片恶搞了投入巨资、由陈凯歌导演的《无极》。在中国,陈凯歌、张艺谋和冯小刚等人的电影长期霸占荧屏,支配着观众的审美和欣赏趣味,尽管他们走上电影道路的最初阶段也是以一种反文化姿态出现的,但他们自从占据了电影文化的主导地位后,便以一种高高在上的姿态出现,看不起一些后来的电影新人。他们自我感觉良好,无论拍得好或不好,他们都认为观众应该接受并欣赏自己的影片。但胡戈却颠覆了陈凯歌、张艺谋等人的“电影神话”,在《一个馒头引发的血案》中,他用一部模仿的恶搞故事无情地解构和嘲弄了陈凯歌的电影,而恶搞的材料恰恰来源于陈凯歌导演的电影本身。在此恶搞视频中,原来的“神话故事”变成了现实生活中一个普通的法制新闻报道——一个由馒头引发的“凶杀案”。在神话消解的同时,陈凯歌等大导演的“电影神话”同时被颠覆和解构。胡戈的恶搞短片说明,大导演的电影有时也不值得观众顶礼膜拜,像《无极》这样不知所云的“神话大片”,是在愚弄和欺骗大众。《一个馒头引发的血案》不过用一种恶搞的方式，揭穿了这种神话而已。这种恶搞的讽刺和嘲弄意味更在于，《一个馒头引发的血案》颠覆、解构《无极》的方法完全是从《无极》那里盗用而来的，基本的情节、镜头和场景都没有变，只是增加了主持人的解说词和新的对话，但原来的情节、镜头和场景经过重新组合却丧失了本来的意义，变得滑稽、可笑。

胡戈的《一个馒头引发的血案》恶搞视频出来之后，引起了广泛争议，并且也引起了陈凯歌的不满，陈凯歌甚至要起诉胡戈，他认为这部大量盗用《无极》情节、场景和镜头的视频侵犯了他的著作权。大部分网民却力挺胡戈，下面是土豆网上部分网民的评论，这些评论都站在了胡戈这一边，显然这些评论的作者都是年轻人，他们对陈凯歌进行了无情嘲讽和批判。他们认为《一个馒头引发的血案》这样的模仿、恶搞之作才是“经典”：

> 真的是经典。（网民“观光土豆”）
>
> 这个很强悍，多年后翻出来，还是那么经典那么好看。服了，真是天才之作。原来中国也有这样的人才，泪流满面。（网民“将乐未央”）
>
> 超越无聊，实属经典，陈导骂街，血案永生。（网民“whpevery”）
>
> 很卡耶……不过是挺搞笑的，我和我的同学都笑得肚疼……哈哈哈哈哈哈哈哈哈哈哈哈哈哈哈哈哈哈哈哈哈哈哈哈哈哈哈哈哈哈哈！（网民“你，虚伪”）
>
> 这就是经典——比看《无极》原版值得多了！（网民“绿 rabbit 茶”）
>
> 好看，内容丰富而环节紧扣，语言诙谐而流畅。连广告词都想得这么好，配上视觉真是棒极了。比那些庸庸自夸者的作品好看。（网民“观光土豆”）
>
> 大快人心，让他们以后浪费纳税人的钱的时候好

好想一想。[1]

这群青年人在观看《一个馒头引发的血案》时，通过评论、比较胡戈和陈凯歌的作品加强了群体之间的认同感。他们认为，胡戈所拍的《一个馒头引发的血案》不仅在语言、情节、故事和视觉技术上都比原来的作品好，而且在观看胡戈恶搞视频的过程中，原先观看大片时被“愚弄”的情感得到了宣泄，所以他们感到“大快人心”。

因而，这其实是一场文化场域中边缘的青年群体和主流的精英阶层之间的文化冲突。陈凯歌之所以被激怒，其根本原因也许不在于胡戈的作品是否“侵权”，而是胡戈让他第一次感到在电影界和普通观众面前自己的权威受到了“威胁”：

> ……大导演陈凯歌已经混到了和钞票有仇的地步，只是确实咽不下这口气，才上了法庭。毕竟一代“国士”被一个无名小卒搞得无地自容，还听到满堂喝彩与嘲弄，感觉也绝不是雀巢咖啡般“味道好极了”，如此只为争一口气，而显然，法理在他这一边，所以他也会如愿以偿。
>
> 但恶搞的胡戈绝对不是败家，他事实上已经成功了，无论官司判决如何，赔礼道歉也好，赔偿经济损失也好，都不会动摇他已经成功的事实。因为通过互联网，他向千百万网民证明了他的才华：使人爆笑的幽默感、专业的制作水平、播音员的素质，这背后无疑是才华的充分施展和将带来的巨大效益，因为法庭不可能判决今天的胡戈倾家荡产，即使判赔，大致也是蜻蜓点

[1] http://www.tudou.com/programs/view/_XfNR9Q2IYw.

水，赔点钱拉倒，但即使判决胡戈倾家荡产，他也大大地赢了，甚至将被载入互联网的史册。

所以，正如标题所说的，陈凯歌起诉胡戈，哥俩儿分钱大家乐，反正网民和看客都没有什么损失，笑一笑绝对延年益寿，而这哥俩儿都将在事业上再迈进一步，甚至赚他个盆满钵满，如此皆大欢喜，为什么不趁热打铁，跟着起哄就是了。[1]

名为“伊湖水”的网民在“天涯论坛”上发表的帖子，很明确地道出了这场争议的焦点是“国士”和“无名小卒”之间的文化差异与阶层冲突，陈凯歌感到尴尬的是作为“国士”，被一个无名小卒戏弄得“无地自容”。尽管胡戈强调自己的视频是“自娱自乐”，但也许正是无名小卒的随意之作颠覆了“权威”。而正是在颠覆的过程中，青年群体重新得到了发言权。他们开始意识到权威的作品不过如此，自己的作品其实也不错。前面已指出，主流话语内部其实也不是铁板一块，在陈凯歌和胡戈的这场争论中，竟然有不少电影界和批评界的文化精英也站在了胡戈这边。电影导演陆川就借助于时代的变化，批评陈凯歌不该以自己的文化霸权压制“弱势民众”，批评家陈晓明更是奉劝陈凯歌要有包容的胸怀：

《一个馒头引发的血案》代表了系列文化的产生。特别是网民，不再需要一本正经的东西，只需要乐一乐、闹一闹，这些作品表达了平民的态度，构成了对权威的嘲讽。系列文化现在正在蔓延，在审美疲劳的时代，它重新触动了人们的神经。

〔1〕 http://www.tianya.cn/publicforum/Content/free/1/592117.shtml.

这是一个文化平民化的时代，任何公众都有权对文化产品作出自己的评价，权威受到了极大的挑战。在这个时代，精英文化和平民文化都有了快速的发展，平民对待问题不再盲从，形成了自己独特的看法，精英文化想超过平民文化越来越困难。精英文化做的不是打击平民文化，而是提高自己。

对这个官司事件，我觉得陈凯歌有点小题大做。作为一名著名导演，应当有容纳批评的胸怀。而且，陈凯歌应当明白的是，他之所以有今天的地位，根基就在于大众的爱戴，更应该接受大众的种种意见，甚至不满。

总之，胡戈的《一个馒头引发的血案》给青年人提供了一个反权威的样板，即通过戏仿权威而颠覆权威，从权威那里借来一切道具，然后创造出自己所需要的风格和意义，这为以后的大量戏仿提供了借鉴。费斯克在解读美国流行歌手麦当娜时曾借用钱伯斯的话说："将资本主义的产品从其原来的背景中拽出来并将其按新的风格再造，是都市大众文化的典型做法。"[1]显然，胡戈在《一个馒头引发的血案》中运用了相同策略——"以牙还牙"。

当然，尽管胡戈当时还是一个无名小卒，但他并不缺乏精英意识，我们不能完全将他划归为平民阶层，他是年轻一代，是"未来精英"，他与权威之间的恩怨是由代际引起的。他的恶搞作品实际上是渴望通过颠覆过去的作品，创造出一种新的艺术，尽管他可能什么新文化也没有创造出来。

---

〔1〕 约翰·菲斯克. 解读大众文化. 杨全强，译. 南京：南京大学出版社，2001：115.

越恶搞越快乐

笔者在所在学校的一次读书俱乐部的学术沙龙上，与几位同事及传播学的研究生讨论恶搞亚文化现象，其中一位研究生告诉我，她正在制作一部恶搞性的舞台剧，并且与我谈了她对恶搞文化的理解：

> 恶搞和文化可能是两个层面上的问题。恶搞只是一种形式，不管是在精英文化还是大众文化上都可以用恶搞这种形式来表达。我最近在弄一个恶搞型的舞台剧，我不认为它是一种草根文化，在我看来，舞台剧本身就是精英文化的一种形式，虽然我弄的没有大师那么好，但我觉得自己是站在精英文化立场上去弄的。我来介绍一下这个恶搞的舞台剧，现在江苏卫视的《非诚勿扰》不是很红么？我拍的这个舞台剧就是以《非诚勿扰》为蓝本，选取了六位典型的青年女嘉宾。我们本来拍这个舞台剧就是为了让大家开心，没有什么特别的目的性。手法上当然有许多挪用和拼贴，大量使用网络上的语言。拍完之后，大家觉得是挺“无厘头”的，不过也挺满足，其实这个舞台剧还是有点讽喻社会现实的。主要是反映当下青年的择偶观。通过夸张的、极端的方式讽喻现实社会里的“物质女孩”。例如，剧中的“草包白金女”，在她眼里挑对象钱最重要，没钱啥也不行；还有气质女，过于讲究谈吐高雅，将男人吓跑；还有就是宅女加腐女；还有花痴女，就是迷恋男人的女人；还有一个乖乖女，什么都说我妈说怎么样，就是她找对象就好像她妈找对象一样；最后一个是善良女孩，

虽然她在外貌、实力、能力上不及其他人，但她有一颗善良的心。我们挑对象不是挑的钱，挑的是善良的心，一种人性的真善美，这样能把舞台剧的主题推高。[1]

这位传播学专业的研究生首先强调恶搞文化并非大众的特权，精英文化阶层也可以使用，显然，她将自己以及大部分青年大学生群体看成是精英阶层，当然，就中国社会而言，大学生一直被看成是有知识的精英阶层。另一方面，这位研究生特别强调自己和一群同学所拍的恶搞舞台剧是“为了让大家开心，本来没有什么目的”，并不一定要以此来反对什么文化霸权，而仅仅出于一种“开心和喜欢”。这是这章要探讨的恶搞文化的第二个类型——找乐。不少恶搞文化作品本身并没有特别声明自己是反文化的，他们虽然也讨厌权威，但也无意解构或者颠覆权威，他们变着花样创造出一些恶搞作品，仅仅是为了自我娱乐，为了使个人高兴。

在今天的网络媒介环境和消费文化语境中，各种流行文化的发展和受过高等教育的年轻人是分不开的。关于这一点，西亚・卢瑞在其《消费文化》中谈论20世纪流行文化时就已指出：

本世纪上半叶，教育和高等文化息息相关。当我们走近世纪末的时候，伴随着媒体和传播业、文化研究、电影和电视研究的发展，以及以流行音乐和电视片形式发表的教科书，甚至消费文化的发展，教育越来越和流行文化的研究密切相关！

[1] 这是笔者所在学校的一次读书俱乐部的学术沙龙上一位女研究生的发言。

> 这些群体以新的态度对待快乐。据认为,旧式资产阶级的生活态度的基础是责任感,唯恐快乐与节俭、谦虚以及克制所控制的身体产生关系,把每一种禁戒冲动的满足视为犯罪。相反,新兴中产阶级群体主张快乐道德感是一种责任。这一信条使"不开心"成了失败的标志,成了对自我价值的威胁。人们不仅允许快乐存在,而且追求快乐,这样才能促使个人快乐地工作。这是费瑟斯通所说的精明的享乐主义的基础,信奉这种享乐主义的个体会很策略地出入快乐设下的圈套,享受克制的、受压抑的悬念所带来的欣喜。[1]

心理学家弗洛伊德早已提出"现实原则"和"快乐原则"的区别,人们在现实生活中通常是按照现实原则生活,以利益为核心,但现实生活往往是压抑型的,因而为了摆脱和逃避现实,人们在另外一个时刻会按照快乐原则去行事,最大限度地满足自己的物质和精神喜好。

20 世纪 80 年代以来,中国经济的高速发展,使得都市年轻人生活在日益丰富的物质消费环境中;反过来,他们作为接受过高等教育的新社会阶层,又促进了媒介与消费意识的快速发展。追求快乐日益成为当代年轻群体的合法要求,发达的网络媒介为青年人寻找快乐提供了条件,于是,在微博、轻博、QQ 和人人网等社交媒介上,年轻人变出花样"让自己快乐",各种各样具有恶搞性质的文字、图片和视频也因此被创造出来,有时既不是为了颠覆权威,也不是为了创造一种新文化,仅仅是为了"快乐"本身。让我们来看一下流行的新浪微博,单单以搞笑为名字和主题的微博便有无数。例如,"笑话大世界""搞笑时代""笑来了大

〔1〕 西亚·卢瑞. 消费文化. 张萍,译. 南京:南京大学出版社,2003:84.

姨妈”“笑多了会怀孕”“您一定会笑喷”“瞬间乐翻你”“全球冷笑话段子”“智言趣语”“腐女腐男爱重口味”“给力小段子”“诙谐冷笑话”“创意笑话”“身旁小笑话”“笑多了不便秘”“我们爱讲冷笑话”“笑话有木有”“微博搞笑排行榜”等。

这还只是新浪微博中以搞笑、笑话为名称的一部分微博，从这些微博的取名可以看出，“快乐”日益成为人们关注的对象，寻找和提供快乐也成为了一件不可或缺的事，快乐关系到生活质量和自我价值的实现。在欧美，这样的亚文化群体被称为“乐活族”(LOHAS)，“乐活族”强调“生活质量不仅取决于经济基础，更主要的是取决于生活的观念”[1]。是否“快乐生活”成为乐活族评价生活价值的标准。有的网友干脆将自己的微博取名为“搞笑时代”，而不少搞笑微博也在自我介绍里将自己对于“搞笑”的理解进行了解读。例如，“笑来了大姨妈”就这样认识自己的搞笑微博：

> 把欢乐带给您，把微笑留给您，让不开心去死吧。小博精挑细选各类冷笑话、段子、趣图、语录等，足以让您乐得喷鼻血、萌得泪哗哗的。[2]

他要“把欢乐带给您，把微笑留给您，让不开心去死吧”。搞笑的目的是为了他人和自我的快乐。“身旁小笑话”则更进一步解释快乐意味着什么，“快乐就是简单，简单就是幸福，幸福就会健康，健康就会快乐，快乐就请微笑”。快乐意味着简单、幸福和健康的生活。这位网民的新浪微博的名称提醒大众，要善于发

---

〔1〕 高丙中. 主文化与亚文化. 城市中国，2009(38):28.

〔2〕 http://weibo.com/n/%E7%AC%91%E6%9D%A5%E4%BA%86%E5%A4%A7%E5%A7%A8%E5%A6%88.

现和寻找“身边小笑话”。生活中各种各样的笑话不再是多余的、对社会和个人没有帮助的东西；相反，笑话能给个人和社会带来快乐、健康和幸福。这就是费斯克所说的“在日常生活中找乐”。不过，费斯克将这种快乐仍然看做是从属阶层对占主导地位的社会阶层的文化抗争，“文化由我们对社会经验和社会关系的理解以及我们在其中发现的关于快乐和不快乐的意义构成。大众文化是资本主义制度中从属群体的意义/快乐。这些意义必定是抵制性的，必须与大批生产的文化所提供的意义区别开来”[1]。其实，在这里我们需要进一步区分各种“搞笑”的话题，有一种显然是我们刚才说的，仅仅是为了个人的“自我快乐”，当然，如果从宽泛的意义上而言，它也是对现实生活的一种抵抗，因为正是工作、学习和生活的压力，才让许多人想出种种玩笑和搞怪的事来摆脱社会压力。例如，网络上一位名为“宝贝十三妖”的微博，这样描写自己最近的状况：

明天出差，肿么(怎么)今天有周末的心情呢？难道是因为出差回来正好过周末？一媒体的哥们儿说要搞唱歌，丫骨灰级麦霸，但是，谁怕谁啦，姐也不弱。嘎嘎嘎。

今天办公室的人都好浮躁啊，一点也不淡定，吵来吵去的。看来好多人都忘记吃药了哇。嘎嘎嘎嘎。

姐今天骚了个包，穿了一天淑女范儿细高跟鞋，于是悲催地给脚趾头挤了个泡出来，下班都是一瘸一拐挪回去的。到现在洗好澡抹香香，碰着它还疼咧！本来想明天再骚一个包的，看这伤势是骚不起了，只好

〔1〕 约翰·菲斯克. 解读大众文化. 杨全强，译. 南京：南京大学出版社，2001：143.

夹趾凉拖了。

坑爹的周一啊！起不来啊有木有？上班的心情比上坟还沉重有木有？[1]

“坑爹的周一啊！起不来啊有木有？上班的心情比上坟还沉重有木有？”搞笑的口吻针对的是“周一”，因为周一是工作的标志，也是压力的源头。因而这位网友用搞笑轻松的口气来缓解工作压力，试图将自己从繁忙的工作、公共生活中解放出来。但这样的快乐主要是自我性和私人性的，甚至带有一种炫耀中产阶级生活的味道，并不是真的要抵制工作、劳动和其他社会事务。像这样带有中产阶级情调的搞笑在今天的媒介空间里特别多。其实这位名叫“宝贝十三妖”的网民在微博里也这样介绍自己：“星座达人。有事没事下下厨房。略懂。意识流御姐。爱生活，爱文艺，爱撒娇。姐是矛盾综合体。”另外，一个名为“咕噜咕噜的 abc”的网友也是用一种恶搞的心情来表现自己“快乐的日常生活”：

突然心情很好 比一比 知道为什么嘛 啊哈哈哈

看呢 连他都有小腰和翘臀 情何以堪啊！

早安南京 今天天阴沉沉 昨儿个落枕 脖子扭了一天之后 果断贴了膏药 其实撕掉它是要有很大的勇气的……还是让它再呆一会儿

日常生活中类似的搞怪比比皆是，“搞怪者”多是一些年轻

〔1〕 http://weibo.com/profile.php? uid=1660795447&page=3.

大学生和刚刚工作的中产阶级女性白领，她们将搞笑看成是一种"生活乐趣"，表明自己正处于一种优雅、舒适的生活情境中。因此，她们的搞笑是一种享乐主义的，是"没事偷着乐"，让生活多一点情趣。她们每天都感到快乐，即使有压力，她们也以轻松、搞笑的方式将压抑自我的东西清除掉。这些搞笑并不含有多少抵抗色彩，她们中许多人已经是社会的中产阶层，她们并不认为当前的社会秩序有多糟糕，相反，她们在这样的社会结构中如鱼得水。当然，她们也反对社会和男性世界对她们的控制，而搞怪、自嘲正表明她们可以很聪明地摆脱日常生活的各种压抑，这或许像费斯克所分析的一档美国智力竞赛节目那样：

> 智力竞赛节目广受欢迎的吸引力在于它们所体现的矛盾毫无掩饰。它们使得观众既可以参与进支配性话语，又可以参与对它们的规避和颠覆。因此，那些与社会权力（即有见识的人）结盟的力量及那些其权力是自下而上的而非自上而下的人都能发现与他们的社会状况产生的令人愉快的共鸣——并且，事实上，一个观众可以同时参与自上而下和自下而上的话语。[1]

"宝贝十三妖"这样的小资群体就属于这样一个阶层。可以同时"参与自上而下和自下而上的话语"，她们满足于自己的生活状况，在今天的消费社会和享乐主义时代里如鱼得水，生活快乐。她们通过一些恶搞、搞怪、扮丑和"装萌"来丰富自己的生活，让自己生活得更滋润。

她们也有自己独特的恶搞文化方式，如"扮丑"和"卖萌"等。

---

〔1〕 约翰·菲斯克．解读大众文化．杨全强，译．南京：南京大学出版社，2001：143．

一位叫“咕噜咕噜的 abc”的网民的微博贴图

“扮丑”是故意糟蹋、丑化自我或者他人形象，以获得一种“快乐”。例如，将自己漂亮的形象变成一个夸张、变形，甚至有点丑陋的卡通形象，但这就是她们自己所需要的，她们认为“扮丑”使得自己显得更可爱、动人。“萌”源自一个日本词语，在今天表示“装可爱”“装天真”的意思，“卖萌”成为许多网民，尤其是女性网民在网上搞怪的一种常见手段，制作一些很“萌”的文字、图片和视频是许多青年女性网民乐此不疲之事。从可爱的小动物到天真的小姑娘，各种各样的“萌”有时让人喷饭。

“萌”的形象从根本上而言，是为了满足人类的怀旧心理，让人们重新回到无知无觉的童年时代。通过“萌”的形象，许多人忘却了现实生活的压抑，重新发现了日常生活中的种种乐趣，那些令人厌恶的事物因为“萌”，有时也会显现出可爱的一面，所以“萌”让人快乐。当然，人们不仅要善于发现“萌”，而且也要不断创造一些让人愉快的“萌的形象”。有一位网民给自己的微博取名“要多萌有多萌”，她强调给自己取这样的名字，就是为了“萌到你欲死欲仙！果断(关注)我，快乐一辈子”！下面是其微博空间里一些动物的“萌人图片”，她还在图片上配以各种风趣的文字：

当有一群草泥马看着你时，你会有什么感觉？很气势，很压力！

你们都给偶退下吧，寡人想一个人静一静。

你们的好奇心太重了！

各种各样搞笑的动物形象和人的形象，不仅让人忍俊不禁，而且也消弭了人与人、人与动物之间的差别。这些“萌”人的图片似乎也在宣扬：“在快乐面前，人人平等！”

无论是“扮丑”式的恶搞，还是“卖萌”，这些搞怪都让人看到了在家庭、工作和社会生活中，每个事物的另一面。在办公室里，人们可能都是以一副刻板、严肃的形象出现，但在“扮丑”和“卖萌”的过程中，男人和淑女都以另外一个样子出现。狼和狗这样凶狠的动物，在“萌的照片”里也显示出了天真可爱的一面。当然，也有些相反的例子，在日常生活中，那些本来很活泼、单纯的面孔，在恶作剧般的扮丑和爆粗口中以另外一副模样出现。笔者教过的一位女大学生，在现实生活中是一个“乖乖女形象”，但在微博上，她却大胆、泼辣，如果将其现实生活中的“乖乖女形象”与她在网络空间中的“放荡女形象”放在一起会让人惊诧不已，但这也正好说明，人本身就是一个丰富复杂的世界。新媒介为人们的多样性表达自我提供了条件，正是通过新媒介，这位学生展现了另外一个自我。

快乐原则在新型的媒介空间中随处可见。有一位名为“女流氓私房话”的女微博控，她的头像就是一个很搞笑的图像，这个图像上面写着“求糟蹋”。她主动寻求糟蹋，表现出了一种弗洛伊德所说的“受虐倾向”，这当然是她的一种幻想性的“受虐意识”，因为这种意识在现实生活中显然不符合社会道德规范。这位网民也很清楚这一点，她将现实原则和快乐原则分得很清楚，称自己是“一位思想上的女流氓，生活上的好姑娘，外形上的柔情少女，心理上的变形金刚”〔1〕。

网上一位名为“女流氓私房话”的网民的微博头像

还有一位叫“萌宠物”的网民，在微博上将自己化身为一个“宠物猫”，她声称：“作为混在微博上的一枚非人类ID，本猫感到鸭梨山大。欢迎各位爱猫

〔1〕 http://weibo.com/2135736584.

爱狗人士的关注与支持，让我们一起'萌'翻天。"[1]在她的微博上，各种各样的动物都有搞笑的一面，而微博主也借此表达了对动物的喜欢，实际上她是要通过提供各种动物的搞笑、可爱照片，唤醒人们对于动物的关爱。

当然，借动物之口或通过一些搞笑的动物图片、文字和视频，这位博主实际上也将她对爱情、生命和友谊的理解，以及对各种社会事件的看法表达出来。而这也是我们在下文要提到的，借助于恶搞性的文字、图片和视频介入到社会生活中去。

"萌宠物"网民贴的一张搞笑的小狗图片

无论是"卖萌"、"扮丑"，还是网络中一般的搞笑，这些都是注重私人娱乐、强调思想多元化、提倡快乐主义的一种恶搞文化。这些恶搞文化没有强烈的反文化色彩，并不强调一定要颠覆或者推翻某种文化，恶搞者往往只是躲在一边，在日常生活中寻找、发现能够让自我和他人愉快的事物。在简单、快乐的文化中，他们实现了自己的诸多想法，看到了不一样的自己和他人，在幻想世界中重塑了主体，建构了新的文化和身份认同。当然，前面已经说过，从宽泛的意义上而言，这些搞笑也颠覆了主导文化的社会控制，将人们从工业化以来刻板、严肃的工作环境中"解放出来"，工作不再是生活的唯一，至少工作本身也需要快乐来调剂，所以有不少人开始将"快乐文化"带进了办公室和生活之中，用恶搞的方式表现工厂、学校和办公室的生活。微博上有一幅带有恶搞性的图片，被注上

这幅图片将人和狗的位置进行了互换，不仅具有恶搞意味，也值得深思

[1] http://weibo.com/mengchongwu.

了这样的文字："又要推迟下班，这位狗老板太狠了！"在图片中，小狗变成了凶恶的老板，而小孩正在为推迟下班而哭泣，人们在忍俊不禁中不由得想起日常生活中工厂里老板和员工的关系，博主正是用这样一种颠倒的关系隐喻现实中的公司生活。

总之，"扮萌"、"卖丑"之类的恶搞文字、图片和视频，反映了20世纪90年代后，随着生活和媒介的多样化，青年人的生活观念发生了巨大的变化，追求轻松、享乐的生活日益成为他们的主题，在许多年轻人看来，这就应该是一个轻松、愉快的"搞笑时代"。

芙蓉姐姐的粗俗文化

除了上面所说的反文化、带有自娱自乐的找乐文化之外，网络上还涌现了不少庸俗低级、粗俗不堪、充满大量色情意味的恶搞文化现象，性和女人的身体经常是这类恶搞文化最主要的话题，笔者将这一类恶搞文化称为粗俗文化。粗俗文化的说法不是笔者独创，美国学者帕米拉·罗伯森在解读美国流行音乐天后麦当娜时，就将麦当娜现象归为粗俗文艺范畴：

> 通俗文艺……为粗俗文艺欣赏的主流创造了条件——使粗俗文艺的民主精神合理化，打破了高低界限，而使大多数观众都能够接受。在奇异的扭曲中，粗俗文艺的欣赏变成了主导性准则。粗俗文艺不是公开的崇拜性鉴赏，而是变成了一种商业化的欣赏——一种出于纯商业主义的欣赏——一种毫无内疚的快乐。[1]

---

〔1〕 帕米拉·罗伯森．对麦当娜谈什么？何时谈麦当娜？//俗文化透视．天津：天津社会科学院出版社，2002：9.

罗伯森指出，美国粗俗文化的主要目的是寻求刺激和快乐——“一种出于纯商业主义的欣赏——一种毫无内疚的快乐”。他敏锐地意识到粗俗文化和一般的“找乐”是有差别的，一般的找乐是不带有功利色彩的，完全是一种自娱自乐，但粗俗文艺目标明确，是出于一种商业需求的、毫无内疚的快乐。或者说正是现代社会日益商业化，导致了文化日渐庸俗化和粗鄙化。

罗伯特对于麦当娜的论述，其实特别适用于今天在网络新媒介空间里流行的各种恶搞文化。在消费主义和新媒介的语境中，大量低级、粗俗和色情化的恶搞现象随处可见，且日益成为恶搞文化的主体。这些恶搞文化借着颠覆权威、正统和神圣的名义出现，实际上只是为了博取大众的眼球，获得商业利益。吸引消费社会中大众的目光在这些恶搞者的眼里尤为重要，因为只有大众注意到了她们，她们才能得到商业利益，所以她们往往不惜一切手段，通过赤裸裸地暴露和展示自己的身体，唤起社会和大众的关注。当然，对于这些粗俗文化，我们不能一概而论，而应该具体考察它们产生的社会和现实语境，认真考察、分析它们与大众传媒、主流文化及商业社会的关系。

在国外，在麦当娜之后 Ladygaga 是另一位粗俗文化的代表。Ladygaga 的扮相比麦当娜更加出格，她常常以一身非男非女的恶搞、怪异的装束出现在世人面前，完全颠覆了人们心中的女性形象。她不断挑战父权制社会的审美和道德底线，据说，就连她的父亲也厌恶其出格打扮。她的装扮通常夸张暴露、妖艳无比，但是这些性感造型不仅没能吸引男性，反而让不少男人产生恐惧心理。当然，对于 Ladygaga 这样的流行偶像，不同性别、年龄阶段的人反应不一，年轻人中，有许多人是她的粉丝，他们大多认为 Ladygaga 雷人的装扮创意十足。网民 rikkilh 在微博上对 Ladygaga 在 2011 年格莱美音乐盛会上的出场装扮发出这样的感叹："果然不一样，也只有 Gaga 才能做出来。"[1]在这次音乐会上，Ladygaga 选择藏在一只半透明的琥珀蛋里，由工作人员抬着出场，进入表演环节后，她从琥珀蛋中破蛋而出。还有一位叫"蜗牛妹妹儿"的网民也赞道："她总是有出人意料之壮举。"

但更多的网民对 Ladygaga 的装扮表示不理解，一位叫"深大丁未"的网民拿她和迈克尔·杰克逊相比，他认为杰克逊才是真正的流行偶像，代表着正确的流行音乐方向。这位自称是 20 世纪 60 年代出生的网民毫不客气地说：

> 60 后也是幸福的，因为我们有 MJ，你们的 Ladygaga 更多时候就像个笑话。呵呵。周末愉快！//@精彩语录：永远的 MJ！[2]

Ladygaga"就像个笑话"，迈克尔·杰克逊才是真正的流行偶像。无数网民跟帖这位网民，盛赞迈克尔·杰克逊，批评 Ladygaga。在他们的顶礼膜拜中，迈克尔·杰克逊显然已不再是一名流行歌手，而是罗兰·巴特所说的一个"现代神话"。当然，这里关于 Ladygaga 和迈克尔·杰克逊的论争，涉及亚文化的性别、代际和年龄差异，不同性别、年龄和阶层的人显然有不同的亚文化认同。

就像"深大丁未"这位网民一样，更多的人关注 Ladygaga，并不是关注她的音乐，她的音乐的好坏已显得无足轻重，大部分网民和公众更关注 Ladygaga 会以什么样的搞怪形象出现在公众面前，因为在公众眼中，如果 Ladygaga 不是以一次比一次更

〔1〕 http://weibo.com/rikkilh.

〔2〕 http://weibo.com/1644902374.

夸张的形象出现，那么大众就将失望。甚至在日常生活中，一旦提到搞笑、恶搞这样的现象，人们就会不由自主地联想到Ladygaga来。“Ladygaga”已成为日常生活的一句口头禅，在微博的一个社区空间里，当人们表达对某种搞怪现象的看法时，有时只用一句：“Oh，My Ladygaga！”当人们看到一些打扮怪异的人物时，也总是将其与Ladygaga相比。一位名叫“关注我不后悔”的网民就嘲讽地说，右面这幅图片里穿着怪异的男性是Ladygaga的“劲敌”[1]。

网民在微博上贴出的一张堪比Ladygaga的恶搞性质的男人装扮

网民“这个绝对有意思”贴了一张这样的图片，图片里的动物戴上了墨镜和假发，这位网民在旁边注上：“史上最大牌的腕级人物，堪比Ladygaga!”[2] Ladygaga成为人们争相效仿的对象，当然不是因为她唱的流行歌曲，也不是因为她美丽性感的身体，而是因为她的出格扮相。

网民在微博上贴出的一张恶搞装扮的照片

不管如何，Ladygaga虽然是新一代流行天后，但她所代表的流行文化已经不能与杰克逊相比，甚至不能与麦当娜相比。在大部分人的眼里，Ladygaga的流行意味着比麦当娜更甚的粗俗文化正大行其道。Ladygaga正是借助于这种粗俗文艺登堂入室，拥有无数歌迷，她完全颠覆了由父权制控制的种族、性别和身体观念，这其实是许多人，尤其是不少成年男性无法接受Ladygaga的主要原因。

当然，无论是被许多人看做神一样的流行天王杰克逊，还是在西方国家备受争议的流行天后麦当

〔1〕 http://weibo.com/1784827665/wr4kvb3mRf.
〔2〕 http://weibo.com/jiongym.

娜，还有今天在舞台上总是玩各种新花样的 Ladygaga，无论他们怎样变化自己，有一点是共同的，那就是他们都受制于现代工业和商业社会，他们以自己的独特风格对抗着工厂、资本主义和父权制社会对他们的控制，但其自身又是这一制度的产物，他们不仅是批判理论家阿多诺批判的文化工业的产物，甚至是这一流行文化工业的杰出代表。帕米拉·罗伯森更是一针见血地指出：

> 粗俗文艺与主流文化一直是一种寄生关系。粗俗文艺不是处于一种对立的先锋位置，而是代表着一种亚文化进入主流文化已协商好的方式。它一方面享用大众文化对象，一方面创造自己的文化对象。从这个意义上来讲，它表明一种亚文化承认未能进入文化行业，而不简单地拒绝进入文化行业。在确立粗俗文艺和消费社会的价值的过程中，20 世纪 60 年代后的通俗文化和粗俗文艺仅仅使早已隐于文艺中的消费主义公开化。〔1〕

粗俗文化的泛滥借助的正是资本主义的文化工业，它是消费社会需求的体现，是资本主义的文化工业将它们推上了历史舞台。

而在我国，“芙蓉姐姐”和“凤姐”是近年冒出来的粗俗文化的代表人物。两位都是新媒介的产儿，新兴的网络媒介给她们提供了出人头地的机会，她们都被称为“网络红人”。芙蓉姐姐最早是在一个校园新媒介的社区“水木清华”上走红，有网民将

〔1〕 帕米拉·罗伯森．对麦当娜谈什么？何时谈麦当娜？//俗文化透视．天津：天津社会科学院出版社，2002：11.

其搔首弄姿的S形照片和跳舞的视频发到了这些媒介社区中，引起了大量青年网民的围观，芙蓉姐姐迅速走红，成为草根明星和粗俗文艺的代表。

芙蓉姐姐搔首弄姿的文字和图片完全颠覆了传统女性形象，她既不美丽，也谈不上性感，她却敢于在公众面前展示身体和形象，她的形象当然引起了广泛的争议。一些女权主义者认为，芙蓉姐姐代表了一种独立的女性形象，她勇敢、自信，重新界定了美，美不再局限于外表，而在于她是否勇敢。也有人称赞芙蓉姐姐是普通的、底层的声音的代表，提供了一个从边缘到中心的范例。过去，占据舞台中心的往往都是一些漂亮的、被包装过的电影明星，但芙蓉姐姐却告诉公众，普通人只要通过自己的努力也可以成为万众瞩目的“中心人物”。但更多的人则将芙蓉姐姐看做一个“怪物”，甚至看做一个精神有疾病的人。有网民直接问：“芙蓉姐姐长得那么恶心，为什么还那么出名？”[1]

> 啊 你别提啊 你一提我就吐都吐不完啊 那么丑的人还敢在网上这么炫耀，真是搞不懂有些人怎么会喜欢她，还有王蓉写的那首歌真是太对了 了不起哈哈……（网民“sunting_jj”）
>
> 卖弄风骚 搔首弄姿 （网民“不知道”）
>
> 唉，现在不要脸都能出名了！（网民“yueyue2328”）
>
> 臭不要脸 （网民“暴发户的儿媳妇”）
>
> 死不要脸 （网民“mhy5723”）
>
> 她是个精神病人，再加上一帮捧臭脚的，她就出了名！（网民“妮妮”）

---

〔1〕 http://zhidao.baidu.com/question/6346290.html.

不说了，我还想多活几天。（网民“satanlu”）

好像这个时代都跟着在呐喊，在癫狂。这或许是太过压抑的生活造成的心理宣泄。大家都在找个出口发泄。（网民“aviva1228”）

靠特别的不要脸。（网民“viper”）

是通过在网络上传播她的私人照片、videos和很多比较有个性的文章出名的。总而言之，是行为大胆所以出名了。（网民“TVBSTARS”）

她的背后有人在操纵、包装，此人还写了一本包装经过，在海外出版。有这么多的人迎合她，不可思议。被外面批评为没有品位。（网民“quaille”）

一提她就恶心！超级恶心！（网民“bosslihu”）

卖丑啊！（网民“chaotiancaitl”）

干常人所不敢干的事，所谓：出格把。（网民“keke805”）

耍贱。（网民“阿RU”）

超级自恋狂。（网民“sxliuxing”）

网民们在热烈讨论“芙蓉姐姐为什么会出名”时，经常使用的就是“卖丑”“耍贱”“自恋”“出格”“不要脸”“卖弄风骚”这些词汇，不少女性也经常使用这些词语来形容芙蓉姐姐。“卖丑”“不要脸”“耍贱”“卖弄风骚”这些词汇其实都是一种“男性化语言”，从男性的心理和审美传统去看待芙蓉姐姐，由此可见男性霸权根深蒂固。芙蓉姐姐之所以引起如此众多的批判，就是因为她打破了父权制社会对于女性的一般定义。通常人们提到的女性，总是“美丽”“温柔”“羞涩”和“端庄”，而芙蓉姐姐将这些定律统统打破，她就是要以丑陋、出格、卖弄风骚来吸引众人的眼球，但她越是卖弄风骚，越是表现出淫荡放肆的姿态，反而越是将男人拒之于门外，或者说越是让男人感到恐惧。因为她那扭动的、肥胖的和强壮的躯体不仅没有让男人感到美感，反而让男人在其充满攻击性的身体语言中，感觉到男性主体地位受到了威胁，淫荡和性在这里不再具有吸引力，相反，是一种毁灭男性世界的武器。芙蓉姐姐越是表现出自信，表现出对性、身体和欲望的渴望，就越让男性世界感到害怕。而芙蓉姐姐也确实表现出对公众、媒介和社会的不屑一顾，针对那些“嘲笑”“唾液”和“不理解”，她如此“宣布”：

当藕（网络用语，我）在舞台上口才犀利、舞技震撼时，当藕在媒介前不卑不亢、王者风范时，当藕在观众面前幽默可爱、自信亲和时，你又有什么资格嘲笑藕比你更强！

不靠潜规则，不进艳照门，芙蓉姐姐红得光明正大，红得健康阳光，红得积极上进。她超强的自信心和生命力让她脱颖而出，成为新一代的精神偶像，激励广大为理想而奋斗的人们，不畏人言，不懈努力，终会成功。

芙蓉姐姐：每个醒来的清晨，藕都会感激上苍，感激藕的生命之花依旧绚烂，尽管每一片花瓣都柔弱娇嫩，但每一种色彩都绚丽夺目，每一缕香味都心旷神怡，这样的人生才是藕想要的。藕现在要做的就是加油充电，精彩人生，滋润生活，珍惜生命，不求流芳百世，但求无愧藕心。加油！

我敢于迎接挑战，敢于在唾液中奋进，敢于把别人的不理解变成前进的动力。喜欢我的人反映，征服他们的不仅仅是芙蓉姐姐的才华，更是芙蓉姐姐的精神，勇敢、坚强、自信的大无畏精神。一个女孩子靠着怎样的精神支撑着她在唾液里摸爬滚打，奋力向前……

不管别人怎么说，做好自己，并通过自己的精彩表现去影响甚至改变周围的不理解，这才是人生的最大乐趣。希望芙蓉姐姐勇敢、坚强、自信的精神可以激励大家，鼓起大家奋勇向前的力量。相信自己，每个人都是一座蕴藏深厚的大宝藏，不要吝啬自己的付出，努力了，生命之花才可以开得更美艳。[1]

芙蓉姐姐认为，男性大众无权嘲笑、污蔑自己，她强调自己是独立女性的典范，她认为与依靠“潜规则、艳照门”，依靠出卖美色、身体和性而出名的女明星相比，她更有理由得到尊重，因为她靠的是自信而成功。在芙蓉姐姐自己看来，凭借这点她理应为新一代的“精神偶像”，“激励广大为理想而奋斗的人们，不畏人言，不懈努力，终会成功”。

确实，芙蓉姐姐或许慰藉了少数处于边缘的、底层的又渴望成功的那些默默无闻的亚文化群体，尤其是为那些缺乏美丽容貌、姿色和权力的青年女性提供了一个成功样板，那就是借助于“自我推销”，改变自己的命运，活出自己的精彩生活。当然，芙蓉姐姐的成功绝不是仅仅“依靠自信”，商业社会和新媒介为她的走红提供了契机。网上已经有网民指出：“她的背后有人在操纵、包装，此人还写了一本包装经过，在海外出版。有这么多的人迎合她，不可思议。被外面批评为没有品位。”

芙蓉姐姐的出名确实给很多处于边缘阶层的亚文化群体提供了样板，许多人模仿她寻找成功的捷径——走非常规的路线，利用网络等各种新媒介让自己被社会和大众熟知。2009 年 6 月 11 日，南京夫子庙街头曾经出现一群打扮怪异的男女，他们

---

〔1〕 http://blog.sina.com.cn/frjj.

在夫子庙举行了一次专场“搞怪表演秀”，身着奇装异服的人走在街头，打出了“搞怪大赛”“拥抱低俗”等标语吸引路人的注意，将恶搞发展为一种街头文化。

在芙蓉姐姐之后，另一个更加粗鄙的女性形象出现在大众视野里，和芙蓉姐姐一样，凤姐也是靠卖丑和高调而在网络上走红。“真的想不通，这个社会是怎么了，很奇怪哦，什么事都有的，呵呵，郁闷哦！”“作为丑女的代表，她很成功！”“凤姐出名，靠的是旁若无人，死不要脸，这年头，自恋的都红了哈。”[1]凤姐的走红自然也引起无数争议，和芙蓉姐姐一样，多数网民是站在男性立场上对凤姐评头论足，也有少量的人称赞凤姐的勇敢、自信、敢说敢做。上海的一位男演员甚至称赞凤姐是当代“妇女的典范”，不过这位男演员随即也说这是在“鄙视她自负的同时”，接受“一点她的自信”：

> 学生：请详细谈谈你对凤姐的看法。
>
> 周立波：这个问题很有意思，还特别要求“详细”。好吧，首先，我欣赏凤姐的执着；其次，我接受凤姐的自信。如果将这份执着和自信与她的主体剥离开，那无疑是中国妇女的典范，但前提是要有合理的载体，否则就是怪胎。但是我也要说，我们现在的大学生是否少了一点她的自信，我们在鄙视她自负的同时，是不是也应该接受一点她的自信？[2]

更多的网民将凤姐的自信看做是一种不切实际、盲目自大

[1] http://tieba.baidu.com/f?kz=765483257.

[2] 邱俪华.周立波坦诚欣赏凤姐：她的自信执着是妇女典范.新闻晨报，2010-05-29.

的“狂妄症”，她在狂妄自大中丧失了主体，她越是自信，反而越是招来大众的批判。

颇具意味的是，芙蓉姐姐和凤姐这两位同样来自社会边缘阶层并依靠卖丑而走红的“网络红人”，互相之间并没有惺惺相惜，结成与主流文化相对抗的亚文化同盟；相反，她们互相批评、攻击。“芙蓉姐姐做车模？一个那么胖那么老那么丑的人都可以当车模？我想问：那辆车还会有人买吗？那些去看车展的人不会觉得失望吗？车模不是有身高、体重、年龄、三围限制吗？不是还需要跟主办方睡觉才能上吗？”[1]在凤姐的微博上，她不仅批评芙蓉姐姐“奇丑无比”，也批评兽兽、苏紫紫这些同样利用网络走红的女性，特别是批评她们无法吸引男人。显然，相比于芙蓉姐姐，凤姐表面上更大胆、前卫，也更直截了当。在她的许多大胆的言语里，直白地表示她需要高大、英俊和成熟的男性。她并不像芙蓉姐姐那样挑衅男性世界，而是认为她理所当然地得到了男性世界的认同和赞赏，为达到这样的自我认识，她宁愿幻想地认为自己是一个貌若天仙、对一切男人都有致命诱惑力的“性感尤物”。费斯克在《解读大众文化》一书中，特别提到了幻想对于在社会现实生活中处于从属地位的女性的重要意义：

> 幻想常被看做是女性特有的现象，而表征则与男性相联系。按这种观点，幻想是被当做“纯粹逃避主义”来建构的，是女性因无法与（男性化）现实妥协而形成的弱势的标志。它是一种允许女性以一种在“现实”世界中从来也不可能采取的方式实现其欲望的白日梦，是由她们“实际”缺乏权力引起并掩盖了这种状况

〔1〕 http://weibo.com/fengjieluoyufeng.

的补偿领域。[1]

费斯克借用了弗洛伊德的补偿理论去解释女性的“幻想”，显然，凤姐的大胆言论实际上就是她幻想的一种“白日梦”。她通过网络大胆地发表言论，吐露自己的内心世界，将自己幻想成一个受到无数男性热烈欢迎的“性感尤物”，以此来消解在现实生活中经常遭遇各种嘲笑、讽刺和挖苦的情景。在她的性幻想之中，每个男人都喜欢她、爱她并渴望与她发生关系。但她毫无顾忌地将丑陋之躯展现给世人，不仅没有得到一致喝彩，相反，男性大众却对她产生了一种深深的恐惧和厌恶。就像罗兰·巴特在解读脱衣舞女郎时所说的那样，“女人在脱到全身赤露时，就失去了性感。因此可以说，在某种意义上，我们面对的是一种恐惧的景象，或者是恐惧的伪装。仿佛在这里，色情只不过是一种美味的恐惧”[2]。

当然，无论是芙蓉姐姐，还是凤姐，她们或许很清楚自己在现实生活中的形象，而她们之所以如此，或许也没有其所宣扬的那么“自信”，她们仅仅是借助于网络进行“自我推销”。为何并不漂亮的她们又能走红呢？这主要有三个方面原因：首先，新媒介空间确实给草根阶层的发言提供了更大的空间，使许多处于底层和边缘阶层的人得到了发言权，而不少人就利用这样的新媒介空间，通过“奇装异服”来吸引公众；其次，这也是商业和消费社会的需求，媒介需要营利，需要吸引关注，于是便包装推销一些“商品”，究其本质，芙蓉姐姐和凤姐只不过是网络推手精心包装的“产品”而已；再次，许多公众反对她们，却又关注她们，这

〔1〕 约翰·菲斯克．解读大众文化．杨全强，译．南京：南京大学出版社，2001：143.

〔2〕 罗兰·巴特．神话：大众文化的诠释．许蔷薇，许绮玲，译．上海：上海人民出版社，1999：128.

就是公众的围观心理，越是稀奇古怪的东西，越是得到大众围观，公众在围观中获得了一种快乐、一种狂欢。新媒介也给今天的公众围观提供了条件，公众可以在新媒介空间里尽情留言，发表他们对狂欢节上小丑的看法。

而且，芙蓉姐姐和凤姐所代表的粗俗文化，尽管部分地表达了社会边缘和草根阶层的某些权力诉求，但她们所代表的粗俗文化，与麦当娜和 Ladygaga 的粗俗文化有着本质差异。麦当娜和 Ladygaga 的粗俗文化首先是建立在对流行文化的颠覆和反叛上，她们通过自己创造性的音乐活动，开拓了流行文化的新天地。麦当娜在今天的美国流行文化史上已经得到了广泛认可，成为大众心目中真正的“流行皇后”。Ladygaga 的粗俗文化实际上也是建立在其对艺术的理解上，她试图颠覆过去的音乐模式，开创一种新的流行时尚。但无论是芙蓉姐姐，还是凤姐，她们虽然也试图颠覆主导文化，可她们并没有开创出任何新的文化样式，她们充其量不过是巴赫金所说的狂欢节上的丑角，只是为了博得公众哈哈一笑，她们没有创造出什么文化。再者，在罗伯森看来，麦当娜的粗俗文艺具有一种明确的政治意识，它不仅反对父权制社会，而且直接介入到同性恋政治中，“在 80 年代，粗俗文艺已成为同性恋激进政治的一种重要策略，目的是为了维护同性恋的权利，而不仅仅是维护同性恋的自尊”。麦当娜用自己的歌曲支持同性恋团体，“把同性恋政治要素带入了大众文化”。尽管罗伯森和一些学者也指出，麦当娜的粗俗文艺政治并不是一种“独立存在的政治”，而是一种没有实质内容的“模糊政治”，她只是借用了政治的外壳为她的音乐造势，而并没有真正从事“政治运动”，她拒绝“真正的对抗和真正的斗争”，她也没有真正颠覆父权制社会的权力关系，而是“掩盖了他们”。同样，Ladygaga 的音乐也有强烈的政治倾向，她不仅通过音乐和出格的扮演抵抗“男性霸权”，而且和麦当娜一样，她是同性恋政治的坚定支持者，反对美国军方对于同性恋的歧视。当然，与麦当娜一样，Ladygaga 也没有真正走进政治。

不管怎么说，麦当娜和 Ladygaga 都有一种明确的政治倾向。至少，她们利用自己的身份和音乐，表达了一种亚文化的政治立场。在她们的音乐中，她们表达了边缘的、底层的女性的渴求和感受，表达了同性恋群体对爱的需求。而芙蓉姐姐和凤姐虽然都来自社会边缘和社会底层，按理更能理解下层社会的需求，她们的粗俗文化也更应该成为下层社会的"代言人"，她们本人也应该作为社会边缘亚文化的代表，紧紧团结在一起，共同抵抗主流阶层的文化和政治霸权，为社会底层发出自己的声音而努力，而她们却没有这样做。无论是芙蓉姐姐，还是凤姐，她们根本就没有什么政治观念，也没有代表社会底层，连为社会底层说话的勇气都没有。她们只是竭力地表现自我，希望通过"卖丑"、自我暴露和商业推销，博得公众的注意。虽然芙蓉姐姐、凤姐偶尔也提到社会热点话题，谈及自己对现实社会中的"潜规则""艳照门"和其他一些社会新闻事件的看法，但不是为了代表被忽略的社会边缘群体发表社会见解，而是用这些事来进行"自我吹嘘"[1]。而且，从商业、主流文化与她们的关系而言，她们不仅没有像许多粗俗文化的代表那样，通过自己的艺术展示，表现底层和下层人的喜怒哀乐，让人们从她们的通俗音乐中体会普通人真实的生活状态。相反，她们借助于自我暴露和商业炒作，主要目的就是摆脱下层身份，融入到上流社会中去，她们也总认为自己是上流社会的一份子。芙蓉姐姐拒绝承认自己是恶俗文化的代表，在一次被大众嘲笑之后，她这样宣称："我真的不想做芙蓉姐姐，从来都不想。只是我不甘心让那些别有用心的人带动荒唐的舆论，把芙蓉姐姐贬斥成恶俗的代表。芙蓉姐姐

〔1〕 http://blog.sina.com.cn/frjj.

从来没有恶俗过，从来都没有。恶俗的只是这个可怕的世界。”而且，在最近的几次装扮里，她也越来越接近“主流打扮”，经过减肥等一系列运动，摇身变成了一个出没于时装晚会和车展的“时尚女郎”，完全不是最初的那个笨拙的、丑小鸭式的芙蓉姐姐。她对自己的转变很满意：“芙蓉姐姐从一个被大家认为‘丑小鸭’的人变成现在大家口中的‘励志女神’。”但正是在这样的转变过程中，芙蓉姐姐仅存的一丝代表社会边缘阶层的抵抗色彩消失殆尽。

凤姐则连芙蓉姐姐还不如，芙蓉姐姐至少还承认自己曾经是一个“丑小鸭”，凤姐则一开始就患上了“妄想症”，她完全无视自己的“底层出身”，也从没有想过为底层代言，她虽然属于下层，却完全站在上流阶层的立场上说话，她幻想自己是一个上流社会的人士，与奥巴马、小布什这些人都搭上了关系。尽管她偶尔写过一篇《我若为王——谈我心中的乌托邦世界》这样似乎站在社会底层观看世界的博客文章，畅谈她对社会现象的看法，但在这篇思路混乱、不知所云的文章开头，她就竭力为统治阶层推脱责任，认为现实中发生的种种社会问题与权力阶层无关：

> 中国的问题有很多，失业人员生活无保障；城市产业化落后，几乎大大小小的公司都存在不同程度的管理混乱问题；舆论可以杀死人，特殊人才无合理上升渠道；服务行业是受气行业，事实上就是说公民整体素质低下。不要把这些归结为政府问题，政府是人民选的，所以归根到底是人民问题、民族问题。[1]

---

〔1〕 http://blog.sina.com.cn/s/blog_4a02849c0100nz7n.html? tj=1#comment1.

总之,无论是芙蓉姐姐,还是凤姐,她们渴望的都是与主流社会勾肩搭背,而不是反抗它,她们都在为自己融入主流社会而不惜出卖一切。进一步而言,她们宁愿在上流社会鄙视的眼光里苟且偷生,也不愿意真正反抗。

说到底,她们所代表的粗俗文化是缺乏抵抗的,是毫无廉耻的、真正的"恶俗文化"。她们只是一些商业团体和权力机构的牟利工具,除此之外,毫无价值。不仅她们自身是上流阶层和主流文化调侃、取乐的对象,而且她们的粗俗文化也被商业和主流社会用来愚弄和调戏大众。这也是大众对她们深恶痛绝的根本原因。特别是在今天,在粗俗文艺四处泛滥之时,我们尤其要警惕这些借大众之名愚弄大众的粗俗文艺,同时要知道,真正的粗俗文艺应该是展现边缘的、底层的、大众的真实的生活、梦想和渴望。最后用罗伯特的话来结束本节:

> 粗俗文艺在当代文化中的主流化有助于明确表达怪异的主体性和联盟政治,但它也掩盖了真实差异,使身份政治蜕变为一种风格话语。或许在将来,随着压迫条件的消失,粗俗文艺作为一种生存战略不再必要,粗俗文艺便可能消失。但与此同时,我们必须仔细观察我们粗俗文艺的偶像,我们自己对粗俗文艺的理解与实践,以保证我们不再幼稚地用粗俗文艺代替政治。[1]

"无厘头"与"不靠谱青年"

> 日子一天天过着,有一天突然感觉到无聊起来。

〔1〕 帕米拉·罗伯森.对麦当娜谈什么?何时谈麦当娜?//俗文化透视.天津:天津社会科学院出版社,2002:38.

照样八小时的睡眠，可早上起来却感觉很累。什么事都不想做，甚至不想去上班。

一个月里，十五天休息的日子，那么多无所事事的日子。吃饭，看电视，上网。每天重复着相同的生活。想想这么多年，一大把年纪了，日子却好像在虚度。

堂姐堂弟都已经结婚生子的时候，我还依然安然地过着一个人的日子。姐姐说带小孩子真烦，我说既然已经把他生了下来就慢慢习惯吧，你得习惯有家有孩子的日子；而我呢还得继续习惯我一个人吃饱全家不饿的日子。

当然更没有什么值得开心的事。很想让自己过得快乐一些，于是去旅游，去找朋友玩，去上网玩打麻将斗地主。可是到头来却只有失落。

有一天打开自己的手机，却发现有好多人已经很久很久不曾联系，有很多人已经不知道跟他或是她说些什么。可是他们曾经都是我的朋友。短消息里不是天气预报就是广告，很久没收到过一条温馨的短信。是不是在我忘记别人的同时，别人已经把我忘记了呢？也许很多人已经在慢慢遗忘。忘记那该忘记的事，忘记那该忘记的人，未尝不是一件好事。

我只是很无聊，活得多无聊，可无聊也还得活着。[1]

这是一位青年网民在“天涯社区”论坛上发表的一个帖子，表达了许多当代中国普通青年对生活的“无聊感”。而在此帖的后面，有许多青年都表达了同样的感受。“无聊”“不知道做什

---

〔1〕 http://www.tianya.cn/techforum/Content/170/550043.shtml.

么”“做什么都没有意义”是这群人经常使用的词语。例如,一位“80后”的跟帖者这样写道:

无聊地活着……

最近这段时间,觉得生活状态也是这样,工作、生活都失去了目标,也没有了动力,看不到自己前方的道路在哪里。

我80年生,有同龄人吗?都怎么个状态?[1]

这位青年在询问是否80年出生的青年人都是这样的状态。他的话说明这样的群体在今天不在少数,以致“无聊”“不给力”成为网络媒介空间里频频出现的一些词汇。当然,当代青年群体大规模地出现无聊感和无力感的现象并不奇怪。现代社会是一个竞争激烈的社会,青年群体在整个社会中日益处于一个边缘位置,他们在日益激烈的竞争中经常遭遇挫折而丧失对未来的信心。现代社会的快节奏、高压生活让他们感到厌倦,于是很多人产生了一种抵触却又不知道如何反抗的“无力感”。“无聊”“不知道做什么”“做什么都没有劲”“怎么都可以”成为许多青年人的口头禅。

其实,在欧美和日本这些发达国家和地区也有类似的情况。在日本有所谓的“NEET”一族,他们都是所谓的“下流阶层”,或者是中流阶层分化而走向下流阶层的一群青少年,他们对工作没有热情,不愿意做事情,经常无所事事,过着一种自甘堕落、毫无责任感的生活。“随意躺倒在街上或是火车站里的年轻人并不少见,而且不是在晚上,而是在白天或者早上。在弹子房的门

[1] http://www.tianya.cn/techforum/Content/170/550043.shtml.

口，一大早就有年轻人坐在那里等着开门。”[1]

今天，这样的青年亚文化群体在中国也在不断增加。网络新媒介在中国迅速发展之前，就有人称一群20世纪70年代出生的青年为“不靠谱青年”：拒绝崇高，寻求另类，随时随性改变人生路线，过审美化生活的人，即被称为“不靠谱青年”。他们代表另一种价值观——“消解认真”“不再忍耐”，这是从产业社会转型到消费社会后的价值形态。“不靠谱青年”不肯面对现实，他们退学、学画、留学，靠家里、靠天分、凭感觉，过着想当然的生活。从代群之间的差异比较来看，“不靠谱青年”可以被称为“70年代精神症候的典型代表”。

> “不靠谱青年”多半是外表灰暗，貌似老实木讷，实则内心闷骚花哨，无时无刻不陷入自我矛盾之中的一群人。他们因为有理想而显得过于沉重，同时又厌倦他们所具有的理想和沉重，企图轻浮，又不太甘于堕落。他们在不同的价值观、道德标准和文化层面中选择，永远无法得到坚实可依的支点。他们随时打算放弃自己的立场，因为在教育经历里发生了太多立场转换，没有什么有价值的东西是值得信任和可坚持的。他们随时准备接受再教育、再改造，一切都可以推翻重来，但很难形成内心坚信的价值观和信仰。他们从小到大无处不是错乱，所以不稳定成了他们最稳定的常态。[2]

---

〔1〕 三浦展．下流社会——一个新社会阶层的出现．上海：文汇出版社，2007：221．

〔2〕 付晓东．“不靠谱青年”的趣味转向——谈70年代精神症候特征的艺术呈现．画刊，2006(4)．

在今天的新媒介时代，各种媒介与消费奇观更是令许多青年感到迷惘，有不少青年虽然物质上已经非常富裕，但是在精神上却十分空虚和无聊，“不靠谱”的群体迅速扩大。据笔者的统计，仅在新浪微博上，以“不靠谱”为关键词来取名的网民就达1 000人左右。例如，“不靠谱小青年”“不靠谱文艺青年”“Miss不靠谱儿”“乌鸦殿下－不靠谱青年”“两边都不靠谱”“不靠谱的奇葩”“不不不不靠谱”“不靠谱女青年盼盼”“特不靠谱的某橙子”“不靠谱的小姐”“不靠谱青年一号”“不着调与不靠谱”等。

> 补死神补火影!!! 鼬复活了咩哈哈哈哈!! 我们家 Rukia 回归了咩哈哈哈哈!!! 一露王道!!! ≥_≤!!!!!
>
> 最近肿么这么忙啊啊啊啊啊啊啊啊……必须要多见几面的人……可是我只想宅啊啊啊啊啊……
>
> 哈哈哈哈 豆豆滴脑袋还会晃唉～～～摇来摇去超口爱//@猫奴 id 酱：啊哈啊哈哈～～//@一喵娘一：恶搞豆豆很好玩的……哈哈//@Vin_Chu：哈哈哈哈哈哈哈 豆豆，你娘太不靠谱！[1]

这是新浪微博中一些“不靠谱青年”的言语。“不靠谱青年”的特点就是说话不着调，“不靠谱青年”的心情变化总是令人难以捉摸。例如，这位“不靠谱青年”在微博上写道：“突然觉得心情怪怪的，想消失，不带手机。随便跳上一辆火车，睡一觉，醒了就下车。”“突然心情不好，求安慰。”“不靠谱青年”喜欢说一些让人觉得莫名其妙的话。他们经常会拿自己、动物和其他人进行没有缘由的恶搞，既不是为了找乐，也不是为了反抗，反正就是

[1] http://weibo.com/kidd041.

没有什么事情。以一位叫“不靠谱青年 H”的网民来说，他在一篇微博里，说着一些不着调的话。例如，有一次他恶搞、调侃壁虎：“我想在我家的壁虎是最可怜的，不是胀死，就是摔死。因为我家的蚊子实在太多了，它们又吃个不停，能不胀死吗？有的吃太多了，太重了，抓不住墙壁了，活活掉下来摔死。真可怜！其实最终结果都一样，反正都是死。就是胀死的至少是死于安乐，摔死的比较惨，不过相对来说还可以坐一次免费的过山车，想想也值。”〔1〕他的思路是天马行空的，由壁虎和蚊子联想到无数的死法，并且还把壁虎的摔死比做是“一次免费的过山车”，真是不着调到了极点。

“无厘头”“不着调”是“不靠谱青年”的标志，他们没有一个固定的价值观念和理想，随时可以改变自己的主意，即便是对现实生活不满意，他们也无所谓，他们经常用“无厘头”的恶搞方式来安慰自己，或者拿别人开玩笑。例如，一位叫“王小嗨”的网民，称自己擅长的是“自嗨以及祸害他人”，拿自己和他人开玩笑，进行恶搞，“努力将其他人的人生演成一部狗血剧”：

> 伪艺术女青年～擅长自嗨以及祸害他人。终极目标是作为一个配角，努力将其他人的人生演成一部狗血剧……〔2〕

这位女性网民的思想有时十分灰暗。例如，她看到马路上的井盖忽然会作这样的联想：“总觉得城市下水道的每个井盖上应该开一个存钱罐的存钱口。一有五六岁的小孩就往里塞～好

---

〔1〕 http:∥weibo.com/handy8.

〔2〕 http:∥weibo.com/se7ennine.

可怕！为什么我躺倒床上闭上眼会出现这个画面？特儿咪外?”[1]

当然，“无厘头”“不着调”“无力”本身也是一种生活态度，有时“无厘头”本身就是一种抗争。例如，一位“不靠谱青年”给自己注明的标记就是“思想‘不靠谱’，行为‘不靠谱’，人贱话多又三八，为省一个字特写名字为‘靠谱’。以此求广大女性勾搭”[2]。“靠谱”“有厘头”才是“无厘头”和“不着调”的真相。大部分“不靠谱青年”其实在社会生活中还是比较努力向上的，只是他们常常对现实和自我感到困惑，一时还找不到明确的方向和目标。一旦找到自己的目标，他们的“不靠谱”“无力感”也就变得“靠谱”和“有力”了。比如，有一位“不靠谱青年”给自己取名为“不靠谱小女青年”，随即她又给自己加了这样的标签：“无论遇到什么，生活是美好的，不要放弃。”[3]总的来说，“不靠谱青年”仍然对未来和社会抱有希望，并且希望通过自己的努力来改造社会，当然在这个过程中，他们也会感到挫折和无力，但是他们并没有丧失最终的希望。就像上面这个“不靠谱青年”那样，大部分“不靠谱青年”都相信“无论遇到什么，生活是美好的”。

而且在中国，大部分“无聊”“无力”和“不靠谱”的青年，其实都应该属于“中产阶级青年”。他们生活无忧，并不属于社会底层，他们的文化也是一种中产阶级的亚文化，许多“不靠谱青年”给自己所贴的标签都是“文艺青年”或者“伪文艺青年”。这种亚文化还缺乏对主流文化的反叛意识和抵抗意识，尽管作为从主流文化内部发展出来的亚文化群体，他们理应像 20 世纪 60 年

〔1〕 http://weibo.com/se7ennine.

〔2〕 http://weibo.com/kidd041.

〔3〕 http://weibo.com/490752420x.

代欧美的嬉皮士文化那样，成为反叛主流文化的最重要群体，但是如克拉克等人指出的那样："一些亚文化只是在父辈文化内被松散地界定的分支或'环境'：他们没有自己独特的'世界'。"[1]

今天的"不靠谱青年"仍然是父辈文化内部的一些松散分支，没有形成自己的世界观，没有一个相对固定的团体，他们只是很随意地给自己贴了这么一个标签，许多给自己的微博贴上"不靠谱"标签的青年，其微博内容和"不靠谱"没有任何关系。他们没有结盟的打算，也没有推翻父辈文化的勇气。而且在今天的媒介环境中，在消费主义意识的侵蚀下，有些青年给自己贴上"不靠谱""无聊"等标签只是因为这是一种时尚行为而已。

小　结

以上我们从文化层面讨论了在新媒介环境之下当代恶搞文化的几种类型。反文化强调对体制和主流文化的反叛，他们借助于各种恶搞对抗和反叛主流文化霸权。找乐文化的主体则是一群喜欢生活的青年人，他们的恶搞不是一定要反抗体制和主流文化霸权，而更多地是为自己寻找快乐，"快乐至上"是他们的原则。粗俗文化代表了一种更加商业化取向的恶搞文化，用庸俗、低级和色情的内容来取悦大众，其根本目的是为了获得商业利润。"不靠谱青年"则是以一种"无厘头""不着调"的方式来表达他们对生活的态度，虽然他们时常感到生活无聊，但总的来说，他们还是单纯的，认为生活本身有许多美好的东西，他们也没有结成一个固定的团体。

当然，无论是反文化、找乐文化、粗俗文化，还是"无厘头"文

〔1〕 约翰·克拉克，斯图亚特·霍尔，等．亚文化、文化和阶级∥周宪，陶东风，编．文化研究．北京：社会科学文献出版社，2010：8.

化，在消费社会的今天，这些文化都不可避免地与商业紧密结合在一起。例如，我们在前面提到找乐文化更强调个人的快乐，但是从“善于挖掘冷笑话，一个冷笑话就能走天涯。关注我，让你每天都快乐。合作 QQ191182132，欢迎投稿。（诙谐冷笑话）”[1]“冷笑话，热心肠！每日奉送冷笑话，微博快乐精华分享平台……期待名人和人名猛击‘关注’。实在是您居家旅行的必备猛药。（投稿、指正请发链接到私信）（冷笑话精选）”[2]“每天分享新鲜新奇的创意、笑话、设计、发明、搞怪、玩意、酷玩！欢迎创意爱好者、笑话爱好者一起来互动！（创意笑话）”[3]从这些微博可以看出，这些快乐都和商业沾上了边。

〔1〕 http://weibo.com/2045873540.

〔2〕 http://weibo.com/lxhjx.

〔3〕 http://weibo.com/chuangyixiaohua.

恶搞不但是一种个人的娱乐和大众的狂欢，而且今天的许多恶搞，具有一定的社会反叛性。借助于恶搞，抨击社会不合理的现象，表达一种社会诉求，成为许多恶搞的基本策略，尽管对于这样的方式褒贬不一。

另类的青春抵抗

网络空间中盛行着各种各样的恶搞文化,而且许多恶搞创作者渐渐地不再是单打独斗,他们甚至结成了一些同盟。例如,在网络上成立一个恶搞组织,网易微博上便有喜欢恶搞的网友成立了一个"贱人俱乐部",贱人俱乐部的成员喜欢在网上讲搞笑的段子,喜欢篡改正在流行的歌词,喜欢拿名人开玩笑等。当然,这些段子不仅是为了自娱自乐,还娱乐大众,甚至通过恶搞介入社会。网易微博的贱人俱乐部就强调要在微博上为大众奉献好段子,而且还要"贱出风格""贱出水平"〔1〕。更有许多青年通过恶搞文化介入社会文化和政治,发表对社会各种问题的看法。特别是原来处于社会边缘地位的青年女性,在今天的网络空间中变得异常活跃,她们用语言、文字和身体"嬉笑怒骂",努力颠覆男性的话语霸权,展现了女性的另外一面。不过,在今天的网络空间里,泛滥的恶搞文化有时也成了社会和管理部门转移人们视线的"遮羞布",真正的社会生活问题反而被忽视了。

恶搞的政治学图景

20 世纪 60 年代,西方早期的青年亚文化充满了政治色彩,各种形式的亚文化是青年人进行政治和社会抵抗的一种重要形式。但 20 世纪 70 年代之后,西方政治和社会环境发生了很大变化,青年亚文化运动在内容和风格上随之变化,政治和社会抵抗的色彩逐渐减弱。不过,在今天,网络新媒介的崛起,不仅为青年们表达个性提供了多样化的空间和途径,而且在很大程度上新媒介也为青年们参与社会和表达政治诉求提供了一种新途径。在西方,一些新兴的社会运动伴随着技术的发展而不断风起云涌:

---

〔1〕 http://t.163.com/zt/pub/duanzi02.

技术性能本身被带入社会语境后，就有可能参与社会建构，这样，技术应用的可能就不仅仅限于国家权力的政治需求和商业公司的市场扩张，不同形式的社会力量组合亦可能把新信息传播技术作为探讨社会问题的一种方式，一种呈现主流所不接受的信息的方式，西方国家不断兴起的新社会运动和另类媒介的结合，就是社会与技术博弈的征兆。[1]

特别是在当代中国的现实语境和政治经济秩序中，意识形态和市场的双重霸权无处不在，新闻报纸、电视台等传统大众媒介是主流文化形态和市场经济的“传声筒”，普通民众和底层社会缺乏话语空间。但新媒介的崛起改变了这种现状，尤其是在最近几年，博客、微博和微视频，种种新型媒介和网络社交工具的出现，让网民们有了更多的话语领地，大量草根网民占领着这些区域，不断向主流媒体话语发出挑战。

当然，这些新兴的媒介技术也为政府和企业服务，并被政府和公司“视为一种权力工具、巨大利益的可能泉源，以及高度现代性的象征”[2]。但新媒介又为个体提供了更丰富的话语空间和言说途径，网民能够借助于各种新媒介渠道交流情感、互相沟通和表达自我，也可以借助于这些阵地，发表对社会和政治的看法，不少网民在博客、微博、MSN和人人网等赛博空间中热烈地讨论社会事件和国家政治，并且不断通过网络营造舆论空间，许多讨论明显对现实政治产生了影响，甚至改变了现实中许多社会事件的发展走向。当然，新兴媒介依然受到严格管理，网民并

---

〔1〕 陈卫星．数字迷思的传播想象（代译序）∥文森特·莫斯可．数字化崇拜：迷思、权力和赛博空间．黄典林，译．曹进，校．北京：北京大学出版社，2010.

〔2〕 曼纽尔·卡斯特．网络社会的崛起．夏铸九，王志弘，等，译．北京：社会科学文献出版社，2001：451.

不能随心所欲。

虽然依旧受到严格管理，但比起电视、报纸和广播等传统大众媒介，网络上的言论空间要大得多。特别是随着技术的不断更新换代，网民发表言论的媒介途径越来越多，网络媒介的开放性，使得网民可以不断地突破各种社会和政治监管体系。而且，网民还有许多参与社会和表达政治诉求的“另类”手段，如恶搞、调侃就是他们参与社会的重要手段。一开始，青年网民只是想用恶搞、调侃的方式颠覆电影等领域中的一些权威人士。青年网民认为，这些权威人士及其作品故弄玄虚、迷惑大众，因而有必要揭穿这些权威人士道貌岸然的虚伪面孔，解构他们作品的神圣性。在这方面，起步较早的青年人胡戈，2005 年出于对陈凯歌导演的电影《无极》的不满，制作了一部网络恶搞视频《一个馒头引发的血案》。这部网络恶搞视频将电影里的镜头和场景与现代法制新闻节目拼贴在一起，电影中的故事摇身转变为一个现代城市扑朔迷离的谋杀案，严肃的新闻报道形式与从电影中抽取出来的故事场景、人物对话巧妙地混合、拼贴在一起，产生了强烈的恶搞效果。

胡戈的这个恶搞视频短片引起了巨大反响。首先在于解构了由精英导演拍摄的电影的神圣性。《无极》是一部投资了 3 亿多元，由大导演陈凯歌拍摄的国产大片。《无极》拍摄的那几年，正值中国的国产大片盛行，许多影片动辄投资上亿元，姜文的《天地英雄》、张艺谋的《英雄》和《十面埋伏》轮番上演，大片的视觉盛宴既让观众兴奋，也让观众产生了审美疲倦。而出于对执导过《黄土地》《霸王别姬》的著名导演陈凯歌的迷信，在《无极》播放前，观众还是充满期待的，大众媒介在电影制作方和广告商的操纵下，在公映之前对电影也是一片赞声，这种商业造势迷惑了大众。电影上映后，大众才忽然发现上当了，电影远没有海报宣传的那么好看。“对目前票房最火的电影《无极》，凡是圈内的名人明星，不管是半遮面还是赤裸裸，都对该片一致吹捧，而民间的声音则是一片狂踩。但在划进名人的阵营中，近日韩寒又公开对《无极》放炮，指责陈凯歌是个装丫而俗气的导演。”[1]

向来被认为有品位的大导演，在韩寒看来，其实是一个“装丫而俗气的导演”。《无极》本来还真是“媚俗”产品，为了赢得市场，陈凯歌承认拍摄前就考虑到了日益壮大的都市青年观众群体，所以不仅对演员选择，还是对电影镜头和内容的制作，都进行了有针对性的设计。明星阵容、魔幻镜头、夸张服饰和“无厘头”故事，是受“电脑游戏和动漫的影响”，目标客户自然是广大青年人。陈凯歌觉得这样“会让年轻人比较喜欢”[2]。

不过，陈凯歌的如意算盘落空了，本来为了满足青年观众胃口的《无极》，却遭到了青年影迷的强烈批判和抵制。在奇艺(QIYI.COM)的“影评空间”里，大部分的评价是这部片子“太烂”。例如，一位叫蓝的网民在看完《无极》后在网络上留帖说：“《无极》，的确烂得可以。”名为墨渊的网民写道：“垃圾电影，真难看。”名为 bacchus 的网民同样这样留言：“这电影不是一般的打脑壳!!!”而网民恋上翟干脆这样说：“这部电影只能用两个字来形容：恶心。什么娘东西！导演我想劈脸呼你。”正是在一片骂声中，胡戈的《一个馒头引发的血案》应运而生，用恶搞视频短片的形式瓦解了陈凯歌电影的神圣性，视频“以其人之道，还治其人之身”，大量挪用了电影里的语言、场景，却将原来电影所要表达的内容瓦解了，嘲笑电影导演的故弄玄虚。这个视频甚至激怒了陈凯歌，并引发了一场持久的文化和法律争议。

胡戈的《一个馒头引发的血案》不仅颠覆了陈凯歌电影的神圣性，而且在这部网络视频中，胡戈将其对于现实社会的关注和

---

[1] 刘春燕．韩寒狂踩陈凯歌《无极》．重庆晚报，2005-12-21.

[2] 钱亦蕉．电影《无极》在说一个神话．新民周刊，2005-12-21.

思考融入这部拼贴的视频短片中，正因为与现实社会的紧密结合，这部视频在引人发笑的同时亦让人深思。虽然这个视频声称“自娱自乐之作”，“内容纯属虚构，全是臆编乱造”，但将陈凯歌的电影改编成现代都市的法制新闻故事后，涉及了冲突性的现实话题，拖欠农民工工资、民工与城市的对立、城管与摊贩的冲突、中国的教育方式、电视广告、三角恋爱和都市偷情，这些都是现代中国正在发生的各种故事。视频中王与妃子倾城莫名其妙地站在了屋顶上，是因为有“两个多月没有领到工资，才爬到楼顶以跳楼为要挟”，大将军则变成了一个管理街道的城管真田小队长。现实生活中的冲突性话题被搬到网络视频空间中。

因此，这部很搞笑的网络视频，在某种程度上反映了中国现实社会中的矛盾与冲突，尽管胡戈强调是“自娱自乐”，但这部视频的亚文化精神还是得到了充分体现。经过改编的视频，处处充满了边缘与中心、上层和底层之间的冲突场景。“竟敢在法庭上唱起 Rap，还有王法吗？”在网络视频中，胡戈还通过两个人物的对话，直接设置了一个亚文化与权力阶层相对抗的戏剧场景，法庭代表着庄严、神圣，Rap 代表着青年人的自由、散漫，抵抗者哼唱着 Rap，通过散漫的 Rap 消解了看似庄严的秩序，表达了对权力和体制的反叛。

底层社会的“呐喊”

胡戈《一个馒头引发的血案》的网络视频迅速走红，受到了青年人的追捧，并被青年人竞相模仿。此前，网络空间里的恶搞文化形式还比较单一。PS 是早期网络空间中恶搞的一种最常见形式，青年运用媒介技术，对图片进行修改、加工，改变原来图片的效果、功用和意义，比较具有代表性的 PS 恶搞图片就是前面提到的“网络小胖”系列图片。2003 年，读初中二年级的学生小胖参加上海市的一个交通安全会议，其回头斜视的照片被人拍下上传到“猫扑网”，然后便被疯狂转载和重新 PS。网友借助 PS 软件，重新塑造了小胖的形象，将其脸合成到蒙娜丽莎、自由女神等上面，形成了一些恶搞图片。小胖的头像被安置到不同地方产生了不同的效果，逗人发笑、引人深思。

但是 PS 这种网络拼贴缺乏一种“叙事特征”，图片的搞笑成分大于反叛的意味。《一个馒头引发的血案》的网络视频出来之后，恶搞文化才开始具备小说、电影和电视剧同样的“叙事功能”，形成了一个由声音、图像和完整情节组成的故事，既然是“叙事”，叙事的态度及其背后的支配性观念就非常重要。海登·怀特说：“叙事完全可以看做是一个对人类所普遍关心的问题的解答，这个问题即：如何将了解(knowing)的东西转换成可讲述(telling)的东西，如何将人类经验塑造成能被一般人类，而非特定文化的意义结构吸收的形式。我们比较容易理解其中的故事，无论这种文化显得多么奇异。”[1]而且，在网络新媒介空间中，恶搞文化往往是一种“开放式的叙事结构”，叙事的自由度和广度得到了空前加强。《一个馒头引发的血案》任意借取《无极》和其他影视的场景，将它们拼贴在一个叙事框架中，形成了一个新的故事。

受到《一个馒头引发的血案》的影响，类似的网络恶搞视频短片开始大量涌现，如《春运帝国》《闪闪的红星》《陈年米饭铺》《鸟笼山剿匪记》和《唐僧结婚》等。这些恶搞视频大多是将一些经典影视剧“改头换面”，通过重新剪辑镜头、改编原来故事的语言和结构，达到恶搞效果。许多改变不再是简单地为了好玩，而是要介入现实社会，将对现实社会的一些看法通过视频反映出

---

〔1〕 海登·怀特. 形式的内容：叙事话语与历史再现. 董立河，译. 北京：文津出版社，2005：7－8.

来，特别是要将边缘群体和社会底层的声音传达出来。日常和底层叙事往往是这些恶搞作品叙事的基本特征，许多故事的灵感当然不仅来源于那些电影作品，还来源于活生生的现实。现实为许多恶搞者提供了生动的素材。

“现代化”是中国改革开放的主题。在现代化号角下，整个中国社会确实发生了翻天覆地的变化。在主流媒介的宣传下，仿佛随着现代化的推进，一切问题迎刃而解，人民会越来越幸福。但事实上，改革给中国带来巨大变化的同时，也引发了一些深层次的社会问题，城市和乡村差距越来越大，社会底层市民生活日益困顿，尤其是进入新世纪之后，城市房价飞涨，一些富裕和权力阶层挥金如土，底层社会却日益贫困，但是动辄投资过亿的《英雄》《十面埋伏》和《无极》这些主流大片却对底层社会的现状毫不关心，引发了广大民众的反感，改写这些主流大片成了一时热潮。

胡戈的另外一部作品《春运帝国》(2006 年)与《一个馒头引发的血案》一样，针对的是《无极》之类的大片。这次他选择了张艺谋所拍的电影《英雄》，这个网络视频仍然在片头注明“纯属自娱自乐”，显然这并不符合作者的本意，因为这部作品的内容是“社会性”的，讲述的是现实社会中大众有切身感受的“春运故事”。“春运”是中国每年一度的“好莱坞大片”，经常上演各种各样惊心动魄的新闻故事，如买不到票步行回家的故事、骑摩托车千里返乡的故事、旅客滞留火车站的故事和小孩在车站失踪的故事。这些故事千奇百怪，却都在现实社会中真实发生过。这些故事都是现实中国的一部分，展现了部分底层大众真实的生活处境。网上一位叫小威的青年这样记述他买票的“现实感受”：

订票真的是好难啊！今天我还不定时地用手机打

了那个订票热线，拨了几次才拨通，是下午三四点的时候，但打通后，票已经卖空了！

真的希望她明天早上给我一次惊喜！因为我就怕记错了她的身份证号，因为是手机通话，用笔记录的，不是通过短信那种方式！那天把订单号用短信发给她，她说找不到指定的取票点，于是我在网上搜索到了以后用我的手机号码，采用网络短信的方式发给她的，三条，应该快一百多个字，于是想到了那个办法，用鼠标单击，然后粘贴了！订票那天真是费了好大的劲啊！那个热线，我至少按了一千次重拨都有可能！一个上午，现加下午的一个多小时，都在打电话！

火车票啊，承载我回家梦想的车票啊！希望她，我的那个同事明天给我一个惊喜！

电话订票真的很难！现在更难了！打通了电话，那也就是没有票的时候，如果你想回家的话，可以学着我试一下，哪怕千分之几的把握，只有这样你才可能有一张票可以回！〔1〕

《春运帝国》以恶搞视频短片的形式再现了这样的“春运奇观”。值得注意的是，这次胡戈对《英雄》《黑客帝国》《无极》《情圣》《喜剧之王》《破坏之王》和《鹿鼎记》等不同时期的中外电影中的镜头进行了重新剪辑、拼贴和组装，配上文字、声音和音乐，让他们重新组成一个搞笑的“春运故事”。不同的场景、形象、音乐和声音被夸张地组织到一起，看起来好像很“不协调”，但正是它们之间的“不协调”，揭示了中国日常生活中最真实的一面。在这个“春运故事”里，不同肤色、时代和身份的人竟都在为春运

〔1〕 http://blog.sina.com.cn/luguangwei

奔波,他们千辛万苦却无法弄到一张回家的票。农民工周猩猩(周星驰饰,是从《鹿鼎记》等电影中挪用的形象)在这个视频中,因为每年无法弄到票,竟然已20年没有回家,而这次为了回家,他不惜血本跟黄牛联系,准备弄一张票,故事就在这样一种紧张的叙事情境中展开。

这部看起来夸张、荒诞的视频,是现实中国某些场景的真实写照。部分官员、警察借着维护秩序的名义,还干着违法乱纪的事情,做一些与自己身份不相符的事情。

像《一个馒头引发的血案》《春运帝国》一样,越来越多的网络视频通过恶搞介入到现实生活中,《闪闪的红星》《陈年米饭铺》《鸟笼山剿匪记》《唐僧结婚》都取材于人们熟悉的影视作品,从多方面揭示中国的现实社会生活。例如,在多部恶搞《西游记》的视频作品中,一贯严肃、权威的唐僧被完全消解,竟变成了一个喜欢泡妞、爱财和爆粗话的下流男人,他不仅要孙悟空像电视竞答节目一样回答问题,而且对孙悟空念咒语竟然是因为"拖欠工资,无钱加班"。孙悟空、猪八戒,就连如来佛祖的形象也被颠覆,他们动辄街头对骂、满口荤话。

当然,无论是《一个馒头引发的血案》《春运帝国》,还是"恶搞《西游记》系列"、《鸟笼山剿匪记》等网络恶搞视频作品,虽然以恶搞的方式再现中国社会的某一个方面,表达对权力阶层的不满,反映底层社会的心声,但这些作品的反叛并不是要颠覆主导的政治秩序,并不属于一种"激进式的反叛",这里的反叛更多的是一种费斯克所说的"微观政治":

> 大众文化的政治是日常生活的政治。这意味着大众文化在微观政治的层面,而非宏观政治的层面,进行运作,而且它是循序渐进式的,而非激进式的。它关注的是发生在家庭、切身的工作环境、教室等结构当中,

> 日复一日地与不平等权力关系所进行的协商。大众文化的循序渐进性联系着这些结构内部，朝向无权力者的权力的重新分配；它试图扩展自下而上的力量得以运作的空间。[1]

这些恶搞视频更多的是希望得到上层的关注，促使他们逐步改善底层民众的生活状况。而有一些底层民众也借助于恶搞等方式，直接将他们的感受表达出来。例如，下列两幅图片来自网易《看客》第121期，这期《看客》的主题是“讨薪者的‘表演’”。新闻图片中的民工用各种各样的“表演”为自己讨薪，表演带有一种强烈的恶搞意味，喜剧场面的背后诉说的却是个人生存的悲剧。

我们不能忽视这种自下而上的“微观政治”的力量，它们巧妙地用一种“嬉戏叙事”的方式切入社会，不大可能引起主流社会的反感，却能影响权力机构，促使他们对大众做出一些承诺，改变社会权力分配不均的现象。

特别是随着网络媒介的快速发展，微博这种新型的媒介出现之后，恶搞文化在大众层面迅速渗透，这种自下而上的抵抗力量也在不断地加强，越来越影响着人们对于日常事务和社会政治的理解。《一个馒头引发的血案》《春运帝国》等一些颠覆性的恶搞视频还只是少数懂得视频制作技术的人才能完成的，但微博却让更多的人掌握了话语权，甚至大众无需懂得PS技术，只要会链接、转发和加评论就可以参与社会。

---

〔1〕 约翰·费斯克. 理解大众文化. 王晓珏，宋伟杰，译. 北京：中央编译出版社，2001：9-59.

微博：介入社会

在这里，特别要提一下“微博”这种新型社交平台。“微博”是微型博客的简称，是基于 Web3.0 平台兴起的一类开放型互联网社交媒介。与博客不同的是，微博的首要特点在于短，每次最多只能发送 140 个字符，能表达心情、传递资讯即可。它改变了博客对于书写能力的要求，博客仍然停留在精英文化层面，要求具备一定的书写能力，但在微博这个空间里，并不需要多么擅长文字和叙述，只要几十个字，甚至一个字也行。这大大降低了准入的门槛，使得更多的人，特别是以往在网络空间里“沉默的大多数”变得活跃起来。他们在这个空间里展示自我和表达观点，将在日常生活中的所见所闻和各种感受发表在这里，如果今天心情不好，只要在这个空间里留下“不爽”“心情糟糕”等字眼即可。例如，一位叫“我穿小花裙”的网民在微博上发表了这样的“个人感慨”：“人生就是聚聚离离，珍惜每一次相见，才不后悔每一次离别。”在抒发这些感慨时，还可以配上一些图片和视频，这些图片和视频当然不一定是自己的，还可以借用他人的。甚至可以一个字不写，只要转发别人的东西，也可以表达自己的情感。而且在微博中，人们抒发自我或者发表对某些问题的看法时，经常以一种恶搞的、另类的亚文化方式展开。我们来看一位叫 veggieg 所发的几条微博：

(1) 昨晚上有蚊子来家做客 我请它们喝血～ 那个爱聊啊 一个劲儿在我耳边儿嗡嗡～嗡嗡的 喝血也堵不住它们的嘴最后血足饭饱了 把我也聊颓了 挠得都没劲儿了 这才舍痕睡去～内什么 今儿晚

上咱能光喝不聊么？

(2) 体坏蛋 唯恐不乱 揣摩你姨 暗驳你舅舅挖围脖真好 有血有肉的 吼

(3) 好怀旧 好台湾 架不住好好听挖 老那又让人一地鸡皮了[1]

(4) 嘣～ 嘟噜噜噜～～ 哒啦啦～ 吧～吧～嘣嘣吧～～

这些搞笑的文字有时让人难以理解，因为它们都不符合日常用语规范，有许多文字和语法错误，但正是因为这些错误，才更能表达心情，惹人关注，容易得到其他粉丝的追捧。

这样的另类文体和叙述在微博中很常见，尤其深受青年群体的喜爱。像 veggieg 一样，许多微博达人就用这种另类方式反叛社会成规，创造属于自己的亚文化语言。传统的、稳定的语言规则被打破，青年的微博达人在微博空间里随心所欲地组合文字，在颠覆传统语义和语法规则的过程中获得了一种快感，并产生属于自己的意义。通过"添加粉丝"，他们还可以与其他粉丝建立一个"交流的社群"，在自己的文化圈层中传播这种意义，让其他粉丝一起共享属于自己社群的意义和快感。他们用新鲜的语言进行交流，讨论日常生活里的各种感受，从家庭到学校，从物质到精神，从私人生活到公共空间，无所不谈。在其他人看来，他们使用的语言都很令人费解，但他们毫不这样认为。例如，在上面 veggieg 所发的那几条微博中，竟然有 9 790 条评论、留言，这些评论、留言都在模仿 veggieg 的口吻和语气。列举

[1] http://weibo.com/1629810574.

一二：

(1) 蔡知源他妈 赞叹！我看到蚊子还是会赶，无意中也会碰死一两只，要像你那样，看到也不赶，那才是真正的没有分别心那。修行路漫漫，努力努力！(21分钟前)

(2) 罗曼丽 Morr 我求菩萨保佑，愿今晚让我化身为一只蚊，飞到你床边，不聊也不喝，只要呆着～～～～～可爱的菲菲挂个蚊帐吧！(29分钟前)

(3) 童属芝心 蚊子这号客灰灰乃请不起啊!!!俺听说，喝足聊饱后乃就必须得抚养它 供它读书 给它买房子 帮它娶媳妇 帮它看孩子 不然乃还能怎么办呢？ 毕竟它身上流的是你的血……(今天 14:18)

(4) Jordannnn 回复@索南丘措：呵呵，谁都不想聊天的结果是失血，哈哈！(今天 14:08)

(5) happy 椰风挡不住 别光招待它，干脆留蚊蚊做宠物得了。(今天 13:01)

(6) 杏仁茶 yy 转发此微博：娶了个爱贫的，现在也贫得顺眼些了！//@一号立井：咦 我一不在家这蚊子有点欺负人啊 它们没聊什么不该聊的吧(今天 12:28)〔1〕

当然，除了表达个人心情，建立一种属于个人的亚文化认同空间，与朋友进行交流、联系之外，青年网民还可以借助于微博自由地介入当下社会。例如，按照阿尔都塞和费斯克的观点，学

〔1〕 http://weibo.com/1629810574.

校、家庭和工厂等都是主流意识形态宣教的地方。“工作和学校不仅对其中人们的短暂行为施加微观控制，也围绕着他们的需求安排其每年和每天的周期活动。甚至是在一家之中，社会控制也通过控制从属成员的事件安排来行使——进餐时间、做功课时间、看电视时间及就寝时间是从属性的持续的建构者。”[1]

家庭和学校是控制青年人的主要社会场所，无论在西方，还是在东方，青年对于社会的抵抗通常都表现在对于家庭和学校的反叛上，家庭和学校是他们反叛的主要对象。有一位叫“电影工厂”的网民就特地在微博上发了一份“坦白从宽，这些事你在学校都干过几件？一件没落的童鞋自觉面壁”[2]的调查问卷。调查青年人曾经在学校生活中干过的一些事，调查的内容包括左图中的一些事：

截至 2011 年 7 月 19 日 9:30，有 2 231 人对此条微博进行了转发，515 人参与了讨论。这些讨论的参与者大多是一些青年人，他们中的大部分表示干过左图中的事，并为做过这样的一些事而感到自豪。不少青年人强调，当年对学校规定和课堂纪律的冒犯、越轨和抵制“是一个愉快美好的回忆”，而一些没有做过类似事的同学甚至感到后悔。有一位学生发出感叹说：“如果一件都没做过的话，那我的学生时代该多单调啊！”

(1) 没干过的人才应该去面壁吧，错过了多么美好的年代。(王芮芮)

(2) 高中以前，除了夏天扛不住打盹、讲话、抄数学作业，其他一件都没做过。到了大学……除了老师

[1] 约翰·菲斯克. 解读大众文化. 杨全强，译. 南京：南京大学出版社，2001：11-91.

[2] http://weibo.com/moviefactory.

上课太无聊睡觉、讲话、听 MP3，其他一件也没做过。(我这算是退步么?)大学终于不用学数学，等等，貌似翘过一次课。(lee 浮云啊)

(3) 除了顶撞老师、听 MP3、谈恋爱和抽烟，我都做过……(林夕奇)

(4) 我那么坏么？居然全部都有我！(ariesdove520)

(5) 转发此微博：上网和 Mp3 是被没有啊。不抽烟。其他有，时常，还罪加一条，骚扰欺负同学。今天我面壁一天。如果一件都没做过的话，那我的学生时代该多单调啊！(自在 Jenny)

(6) 装生病，上课睡觉，吃零食，给老师起外号，上课讲话，抄作业都试过，不算多吧 ，但从来没被老师发现过，不像某人技术含量那么低，哈哈……(AnitaTAN)

(7) 那时的小出轨，那种说不出的小喜悦。(邂逅鼓浪屿的一只猫)

(8) 完胜。(李想有过的梦)

(9) 我落后了，试过的不超过五样。(无脚沙鸥)

在这个微博社区空间里，青年纷纷回忆着逃课、顶撞老师等恶作剧情景，并共同分享顶撞、逃课的心情，将这些看成是快乐的事情。不过，他们自己承认这些“越轨行动”并不是真的要反抗学校的规章制度，摆脱学校和社会对他们的控制，他们只是在分享一种戏弄、调侃的快乐，但这表明在青年群体中，对于家庭、学校等各种社会控制机构，潜意识里普遍存在着一种反抗情绪，以致那些从来没有逃过课、顶撞过老师的青年人，竟然有一种认为自己“落后”的挫折感。

《一个馒头引发的血案》《春运帝国》是通过“影像叙事”以隐喻的方式介入社会，但微博却为个人直接介入社会提供了方便。原先对于社会事件的控制、发布和评述都是由政府和主流媒介来承担的，但在新媒介微博空间里，许多新闻事件都是由从属阶层在微博上发布、传播的，从属阶层也是社会新闻的评论员。例如，2010 年发生在河北大学校园车祸案、2010 年 9 月发生在江西宜黄的拆迁事件和 2011 年的“郭美美事件”，这些事件最初的信息来源都是微博，并且从属者通过转发、评论和私信等方式，不断与其他从属群体交流观点。他们既可以置身事外，成为事件的围观者，也可以介入其中，通过评论和发帖直接对事件进行道德、伦理和法律评判，介入社会的力量越来越强，这里真正变成了一个有影响的媒介舆论空间。《南方周末》的评论员笑蜀甚至认为：“如果没有微博主导的公民围观，很难想象，河北大学车祸案会是什么结果。”

> ……事实在印证，中国已跨入微博时代。140 字就够，甚至不着一字，仅仅转帖就足以表达自己的观点。这就把发表门槛降到了最低，把最大多数普通人带入了舆论场。最大多数普通人的力量就这样通过微博聚合起来，成为公共生活中最重要的平衡力量。
>
> 这支力量不仅是对公权力的平衡，可以纠公权力之偏；更是对人心的平衡，可以救治人心之弊。目睹太多的苦难和悲剧，如果一直无助无力，强烈的挫败感和绝望感就会油然而生，戾气就会渐渐占上风，这于天下苍生绝不是什么福音。微博时代不然，微博时代即微动力时

代，即普通人可以起作用的时代。让无助者得助，让无力者有力，这既是一种自我救赎，也是一种自我疗伤。如果普通人都能推动公共进程，就不难找回希望，重归理性与平和。这种人心上的安定，才是社会稳定真正的基础。

关注就是力量，围观改变中国。微博时代则是公民围观的新纪元，它以根本的力量，即最大多数普通人的力量，来改变中国。这正是微博的伟力。[1]

通过普通人的力量来“改变中国”，这正是微博的意义，民主社会也就是提供了大部分人群参与政治的途径。在中国，虽然还没有这样的条件，但现在微博赋予了底层社会和普通大众更大的权力，让他们能够以各种方式参与到社会事件中去。网民“揭露地球”认为：“当反腐成为中国微博事实上的主旋律之一，当红十字会、中石化、故宫等机构或企业在微博时代黯然失色，我们发现，从单纯的社交工具到舆论监督利器，微博已经悄悄完成了一次华丽转身。作为一个强大的舆论场，微博正全面参与并影响着现实世界。在可预见的将来，微博或将直接改变中国社会生态和政治语境。”[2]在他看来，微博的介入将会改变中国的社会生态和政治结构。

不过，就现状而言，微博介入社会的广度和深度仍然是有限的，即便在微博空间里，从属群体也不能完全自由地发表意见，尤其是对一些敏感的政治议题，微博的言论空间仍然掌控在权力阶层的手中。所以，许多微博更多的是借助于一种恶搞的方式介入当下社会之中。例如，“河北大学校园案”发生之后，微博空间里就流传着各种各样恶搞版的文字、图片和视频，借助于这

〔1〕 笑蜀.微博神奇：但要打通最后一公里.南方周末，2010-10-27.
〔2〕 http://weibo.com/2183065214.

些恶搞性的文字、图像和视频，底层大众表达了对权力阶层的强烈不满和反叛情绪。一个名为“声琴相拥、歪歌公社”的网民就制作了一段嬉笑怒骂的视频，用一种另类的 MTV 形式，发表对事件的看法：

> 横行路中央，轿车轻飞扬。黄土地里养育着咱那霸道的爹娘。平凡的模样，可咱爸是局长，只手遮天的大树，还有神秘的力量。
>
> 我爸叫李刚，大名鼎鼎的李刚，李是李世民的李啊，刚是金刚的刚。
>
> 我爸叫李刚，撞死人我不用慌。这是为什么呢？因为我爸是局长。
>
> 撞人后的那个鲜血哟，红个艳艳个艳。如果飙车能够带走我女朋友，就让她随风飘远。
>
> 老子副局长，儿子更嚣张。可怜那个草民女，从此花魂散校场。肇事还跑一趟，众怒围不慌，只是可惜车撞坏，哪管民女死与伤。
>
> 我爸叫李刚，大名鼎鼎的李刚，李是李世民的李啊，刚是金刚的刚。我爸叫李刚，撞死人我不用慌。这是为什么呢？因为我爸是局长。

像这样恶搞性的文字、图片和视频在微博中倒是更常见。恶搞的对象自然是广泛的，从家庭到学校和工厂，从动物到明星，几乎无所不包，借助于这些恶搞的文字，网民将自己对社会各种现象的看法表达了出来。

“潘金莲日记”：性感的身体政治

在各种恶搞性的文字、图片、视频和微博中，身体总是一个被关注的重要对象。在费斯克看来，身体虽属于私人领域，却始终和社会、政治交织在一起，是各种权力激烈争夺的领域，“身体及其快感一直是并且仍将是权力与规避、规训与解放相互斗争的场所”。

> 虽然身体看起来是我们最个人化的部分，但它也是身体政治（阶级性的身体、种族性的身体以及性别化的身体）的物质形式。围绕着身体的意义与快感之控制权所展开的争斗，是非常重要的，因为身体既是“社会”层面被表述为“个人”层面最可靠的场所，也是政治将自身伪装为人性的最佳所在地。〔1〕

正因为如此，在中外历史上，各个国家实施社会控制的一个主要表现便是对身体的控制，通过制定各种规训制度，要求身体符合一定的社会规范，穿什么样的服饰、留什么样的发型都与相应的社会风俗、政治和法律制度紧密结合在一起。“留发不留头”，在清朝，头发的去与留都关系着政治倾向。当然，从属阶层则经常通过身体的反抗逃避社会控制，特别是在父权制主导的世界里，作为从属阶层的青年和女性群体对于父权、男性世界的反抗，首先表现为身体的反抗。民国时期，妇女反抗父权制社会的一个行为就是不再缠足。

〔1〕 约翰·费斯克.理解大众文化.王晓珏，宋伟杰，译.北京：中央编译出版社，2001：85.

今天，随着社会和媒介环境的变化，青年和女性有了更多表达的场所，他们表达反叛的欲望大大增强。许多青年和女性经常会用一种恶搞方式来挑战社会的规训和控制，越来越暴露的穿着装束在激发男性欲望的同时，挑战着社会对女性规训的尺度。例如，在网络中，随处可见一些恶搞视频，如《超短裙美女恶搞好色男人》《美女吃香蕉恶搞好色男》《美女恶搞好色男顾客》《美女出轨色诱男性》等。在这些视频中，女性利用自己的性感身体戏弄和恶搞男性，借助于男性对于女性的观看和占有欲望，反而颠覆了父权制世界。根据劳拉·穆尔维的理论，在看与被看的影像叙事中，男性牢牢占据了主导地位，女性是被看的对象，“在一个由性别的不平衡所安排的世界中，看的快感分裂为主动的/男性的和被动的/女性的。起决定作用的男性的眼光把他的幻想投射到照此风格化的女人形体上。女人在她们那传统的裸露癖角色中同时被看和被展示，她们的外貌因为编码而具有强烈的视觉和色情渲染力，从而能够把她们说成是具有被看性(to-be-looked-at-ness)的内涵。作为性对象被展示出来的女人是色情奇观的主动动机……她承受视线，她迎合并指称男人的欲望”〔1〕。

不过，今天的情况变了，在上述网络恶搞视频中，女性裸露性感的身体，看起来是为了“迎合并指称男人的欲望”，但可能恰恰相反的是，女性将自己身体的某一个部分暴露给男性不是为了迎合他，而是“调戏男性”，让他们在得到片刻欲望满足的同时，失去了更多，短暂的一瞥之后，随之而来的是被戏弄的尴尬，他还没有来得及反应就已经处于“被动的位置”。在戏耍的过程中，男性被迫让出了自己的“主体位置”。不仅女性傲人的身体

---

〔1〕 劳拉·穆尔维. 视觉快感与叙事电影，凝视的快感. 吴琼，编. 北京：中国人民大学出版社，2005：8.

让男人屈服，而且女性也是“用智慧取胜”，她用性感的身体戏弄男人，却没有让男人得逞，整个进程都由她来控制，男性彻底丧失了主动权。

无论是在恶搞男人的视频中，还是在其他环境中，在今天，女性都比以往更加大胆，她们在与男性的交往中愈加主动。一名叫“宝贝十三妖”的网友在自己的微博上发表这样的文字：“在我郁闷的时候，总有人碰巧撞在枪口上。一通夹枪带棒的，丫受不了说要冲过来抽我，说要再也不理我，说要珍爱生命远离yhx。你爱谁谁，我丫一个人的世界不要太习惯。好久没有这么全不顾对方感受的直白表达了，特么做坏人就是爽！”可以有“完全不顾对方感受的直白表达”，离开男人成为一件很快乐的事，因为自己可以主宰自己的世界。在微博上还流行着这样一段话，来说明女性离开男性的快乐：

> 1. 不用担心做大男子的出气筒；2. 不用刻意打扮准备约会；3. 省钱；4. 不用抽时间陪他；5. 有更多的空闲陪伴父母；6. 节约口水；7. 可以随意和姐妹娱乐；8. 可以专心工作读书；9. 只要是单身，身边总不乏追求者。〔1〕

文字强调女性离开男人才能让“自我”更自由，拥有更广阔的一片天地，而且才能由被动转为主动，她们完全可以不考虑男性的感受。没有男人的存在，她们认为自己会更加快乐，可以“不用担心做大男子的出气筒”，可以“随意和姐妹娱乐”，“只要是单身，身边总不乏追求者”。在这里，女性完全占据了主导的、中心的地位，对于女性而言，男性反而成为可有可无的附属物，

〔1〕 http://t.ifeng.com.

他们存在的必要完全视女人的需要。男性与女性之间传统的支配与被支配的关系被颠覆。网民“馨儿徽安”对男人这样宣告：“我爱你，才会向你袒露心灵的全部世界，向你展示所有的喜怒悲欢，只有对你不曾设防；我爱你，才会和你耍些小脾气，无缘无故地离你远远的，其实我只想走进你炙热的怀抱听你的心跳；我爱你，所以我给了你伤害我的权利，只要我能忍受，我会一直陪伴着你，你不能伤害我太多，冷了，会淡漠，痛了，会松手……”[1]爱与不爱、松手与不松手的主动权不再在男人手上而在女人手上，女性的身体不仅得到了解放，她的精神也获得了自由，现在她是按照自己的方式生活、工作、谈情说爱。男人成了被动的“追求者”，随时要看女性的脸色。许多女性转发了这段文字，表明她们对此认同。在今天，女性有了更大的自由空间。

当代社会，随着女性地位的提高，年轻女性不仅在身体、物质和精神方面得到了更大的自由，可以自由释放自己在身体、物质和精神方面的欲望，而且主动介入社会的欲望也越来越强烈，特别是在新媒介空间里，大量女性通过微博、博客和帖子，表达对社会生活、国家政治，甚至全球问题的关注。一位女网友微博的名称叫“女流氓私房话”，在私密的空间里窃窃私语往往是女性的权利，但是“女流氓私房话”的“私房话”涉及的内容却经常是广博的社会热点话题。例如，“女流氓私房话”贴出了这样一段文字“【上联：哥，结婚不买房，就是耍流氓；下联：姐，求婚要有房，横霸上海滩；横批：房产证要写我的名字】这是时代的呼唤，这是真情的奉献，这是新婚姻法的春风，这是二手房房产网广告语的源泉。横幅求婚女，你懂的～～”，还配以一个恶搞的视频，在上海外滩一个女性打起了横幅向男性求婚，并愿意将自己的

---

〔1〕 http://t.ifeng.com.

房产加上对方的名字。这个视频和文字组成了一幅恶搞的景观，讽刺了高房价对于婚姻和爱情的挤压，让婚姻和爱情变得支离破碎，不堪一击。而微博中一位名为“潘金莲日记”的女性网民，更是借助潘金莲这位古典小说里的人物介入当代社会中。

网民“潘金莲日记”的性感微博头像

潘金莲是中国古典小说《金瓶梅》中一位著名的女主角，她以风骚淫荡而闻名，她是古代少有的在男人面前拥有主动权的女性，因为她性感风骚，无数男人为之折腰，其夫西门庆最后也死在了她的身体上。而在今天的网络空间里，这位网民便以“潘金莲”的名义写下数篇微博日记。这位网民的微博头像是一位风骚的古代女子扮相，头像旁边还标注了这样的文字：“欲火烧身难由己，淫心荡漾非本意。满纸尽写风流言，却是一把辛酸泪。”“诗言志”，这首诗放在这里颇有意味，显然是一种自我表白，声明自己多情风骚、淫心荡漾均“非本意”。那么这位“潘金莲”卖弄风骚的真正本意是什么呢？我们就先来看几篇这位“潘金莲”写的“风流日记”：[1]

晌午，奴家正烧火做些菜饭，却见干娘来。干娘道：如何到处见火？奴家问何出此言，干娘道：前日上京火车站无端起火，今日汴京和平里莫名窜火。奴家道：上京正开世博会，汴京失火处却叫和平里，想来不是滋味。

这日子一日一日地过着，奴家心里不免空荡些。记得干娘几番说起有贵人想提携奴家则个，何不过去请教则个。干娘的阳谷红休闲会所好不热闹：宾客如

〔1〕 http://weibo.com/jinlianriji.

云，贵人满座。

饭罢，大郎莫名问些家里存银几何，可置得房产。奴家摸摸大郎脑袋，未见发烧。大郎却正色道：岂不闻官府大力气调控些房价？奴家道：大郎啊，洗洗睡吧。

大郎忽来神勇，催奴家早些上床歇息。奴家既喜又惊。速速沐浴罢，穿些薄纱，直待大郎恩宠。半晌却见大郎翻一本《天下大事》，奴家轻声道：大郎可知奴家肌肤身材如何？大郎道：娘子莫躁，毕竟天下大事重于房事。肌肤雪白不如科学发展重要，身材惑人不如和谐社会要紧。奴家怒道：天下无大事，一切皆房事。

晌午天热，奴至干娘处讨些清凉。干娘道：日来少见，忙些甚么宏图伟略？奴道：闭门看些网球。干娘笑：娜正要紧，坊间庙堂一时齐论娜事。奴道：以娜之奖杯反思体制，难免牵强臆为；以娜之曲直标榜个人胜利，似为自说自话；以娜之登顶宣讲国家培养，实乃寡廉鲜耻砖家不如。皆掺一己之杂见，入李娜之特例！

晚饭罢，见叔叔打马来到。奴问：几日不见叔叔面，可辛苦些？叔叔道：近日奉着知县相公均旨了结那药家鑫一案。大郎问：可顺民意了结？叔叔叹：今日刑决，见了两户破碎创伤之家庭，见了两双悲伤丧子之父母，亦见了一群集体狂欢之围众。奴叹：自古民意，怜弱而责强。先示弱者易得怜悯，终逞强者必受责难。

今日阳谷大雨，湿了阳谷，湿了清河，湿了南国街街巷巷。近日围脖大火，焦了郭氏，焦了红会，焦了官办慈慈善善。奴正发些闲叹，却见叔叔来。奴问：叔叔可忙些？叔叔叹：只是那红会之事闹心，坊间暗流涌动，庙堂各方较力。

原来“风流日记”倒真的没有记载“潘金莲”多少风流韵事，尽管在微博空间里这位女网民贴了不少具有色情意味的、性感的女性图片，但这些性感的女性照片其实只是表象。“风流日记”大量记载的都是她在“大宋”的各种社会见闻。房价、医疗、企业改革、药家鑫案、世博、拆迁、火车票，几乎无所不包。在“日记”中，“潘金莲”以一种恶搞和调侃的“女性语调”，参与到这些事件的评论中。

“潘金莲日记”标明所谈论的事情都发生在大宋年间，显然这是“借古讽今”，借助于戏仿和调侃，目的是要将今日中国社会发生的各种大小事件呈现出来。“潘金莲日记”让人看到了一个正在迈向现代化、都市化和国际化的中国，在其宏大叙事场景背后所隐含的分化、差异和种种不平等现象：一方面是繁荣兴旺的“现代化景象”，一方面却是贫穷困顿的普通市民生活。

“潘金莲日记”展现了在现代化进程中普通百姓局促不安的日常生活。“潘金莲”没有像一些专家那样，对一些现象直接进行尖锐、犀利的评论，而是通过日常社会的闲聊，反映了她眼中看到的现实中国的状况。这些对话、闲聊本身就被置于日常生活之中，是底层市民自己的语言和真切感受。在这里，本来嫁入豪门的潘金莲现在化身为普通市民，介入到当代中国的日常生活中。当然，身体即政治，潘金莲的性感身体依然是迷人的，这位“日记”作者的巧妙之处，便在于通过潘金莲这位古典小说中有名的荡妇，将性感的身体和社会政治紧密联系在一起，

特别值得注意的是，叙述者借助“潘金莲”介入社会，本身就具有强烈的反讽效果。中国古代有“万恶淫为首”和“红颜祸水”的说法，这些说法将男人、家庭和国家的失败往往归咎于女人，特别是一些性感尤物和妖艳女性的出现，似乎注定要使得个人、家庭与国家处于危险之地。所以，《金瓶梅》中以淫荡而闻名的潘金莲一直是中国传统社会人们惧怕和唾骂的对象，因为正是

她性感淫荡的身体，让男人丧失了自我，最终导致了个人、家庭和国家的衰亡。妖艳性感的女性一直遭到社会的排斥，历朝历代都在告诫人们要警惕潘金莲这样的“淫妇”，并且在中国古代，“女子无才便是德”，女性被要求呆在闺房或者厨房里，不能走出家门，更不能管男人和天下的事务。

但在这里，这位淫荡的“潘金莲”不仅走出闺房、厨房和家庭，涉足传统父权制社会中男性所统治的领域，而且以她的语言表明，女性不单是依靠妖娆美丽的身体而存在，她们洞悉世间万物，完全可以对当今社会所发生的种种事情发表自己独特的见解。她的许多看似闲聊性的谈话，常常一针见血，直指真相。“晚饭罢，日没沉西，行色渐无，奴邀干娘散些闲步。奴道：旧年已残，新岁即至，可有些宏伟打算？干娘笑：小民之志，无非年年安居岁岁乐业。祖屋不被无端强拆，生意不患莫名违法。在外不愁车票难买，居家不忧删帖跨省。三言两语就道出了现实生活中内在的冲突和矛盾，所以性感的身体只是她的表象，她真正的内涵在于思想，或者说她就是要以一种性感的姿态和颠覆性的话语介入到日常生活和国家大事中，参与这些事务的讨论，颠覆传统的男性政治和文化霸权。

而且，“潘金莲”的日记大多使用的是“古代白话文”，显示了“潘金莲”较高的文化修养，这样的古典文化修养，显然是当代许多男人无法具备的，“潘金莲”用古代男性主导的书写方式嘲笑了男人。前面说过，“潘金莲日记”内容多说的是“大宋故事”，但显然，叙述者并不仅仅要讲一个“历史故事”，而是“借古喻今”，将当今发生的种种事情转移和挪用到古代，让当代人能够更清晰地认识事情的本质。其实，如果仔细考察“潘金莲日记”的话，我们会发现，这些日记不仅有“古代白话文”，还有不少“现代白话文”，讲述的事也是自己的事情，而这些事情和前面的“古代白话文”互相参照、古今并置，形成了一个混杂的奇观，而这一奇观本身似乎某种程度上也是日常生活和社会政治的写照：

> 跟朋友去路边吃宵夜，点了菜，服务员问要不要来支酒。我说来支青岛。服务员说我们金威纯生口感很不错的，来两支吧。我说就来青岛，习惯了。服务员很难为情地说：我是金威的推销员，支持一下工作嘛。我说那好。服务员笑了：我们金威是大运会的合作伙伴。我忽然想起那些被挖的老树、被拆的招牌：就要青岛！

最后要说的是，“潘金莲日记”本身就具有一种个人化的、私密性的特征，但正是借助于日记的个人化和私密性特征，“潘金莲”以一个女性特有的细腻，将其在现代中国日常生活中的种种感受表达和展现出来，私人空间与国家大事得到了有机结合，这正是费斯克所说的“微观政治”。但我们也说过，这种“微观政治”的力量不可小觑：“大众文化是围绕着大众与权力集团之间各种形式的对立关系加以组织的。这种对抗包含着变成进步力量的潜能，而且实际上它通常就是这种进步力量。大众的力量正试图规避或抵抗权力集团的规训与控制的力量，就此意义而言，它们正努力开创各种空间，进步性就可在其中运作。”〔1〕

正是借助于“微观政治”，置身于日常生活中的人们才能更加切实地体会到日常生活中发生的许多事件。理解这些事件的来龙去脉，理解这些事件对于他们自身的影响，理解这些事件的内在矛盾，他们才有可能参与到这些事件中去，表达他们自身的愿望和诉求，并进而推动社会的改革。在微博时代里，底层大众在河北大学校园车祸案、药家鑫杀人案、江西宜黄事件中的言论

〔1〕 约翰·费斯克.理解大众文化.王晓珏，宋伟杰，译.北京：中央编译出版社，2001：9－171.

和行动已经表明“微观政治”在社会变革中的价值。

总之，“潘金莲日记”通过“潘金莲”这样一位以淫荡风骚闻名的女性“叙述视角”，用古代白话文的日记体形式和恶搞口吻，介入到当代中国的日常生活和国家政治中，深刻展现了当代中国日常生活中的种种现象，揭露了中国现代化宏大叙事场景背后存在的性别、阶层、地区之间的差异、裂隙和矛盾冲突，同时也颠覆了男性世界的政治霸权。

小　结

在这一章里，我们探讨了恶搞文化的政治学问题，分析了不少恶搞视频、微博所包含的“政治色彩”。上述这些分析也提醒我们，不能简单地看待一些恶搞文化，不能将其归为无聊和庸俗文化的行列，因为恶搞本身代表着一种态度，特别是在我们所分析的“潘金莲日记”等文化现象中，我们已经看到，网民是如何利用调侃、恶搞深度介入社会，发表对日常生活和国家大事的认识的。

当然，在这里，我们要提醒读者：首先，尽管我们分析了不少恶搞文字、图片、视频的政治性，但是我们不能夸大这些恶搞性的文字、图片和视频的政治与社会功能。因为有许多视频虽然指向社会生活，但是其大量恶搞的成分，却很容易让人们在恶搞的狂欢中，忘记了自己的社会责任。其次，许多恶搞文字、视频和图片介入社会的程度是值得思考的，大部分恶搞性的文字、视频和图片其实介入社会的程度都不深，往往只是“蜻蜓点水”，不能深入到社会内部，其反叛和颠覆性的力度有时是很小的。并且，更重要的是，许多恶搞性的文字、图片和视频只是颠覆和瓦解了社会控制，却仍然没有提供一个解决社会问题的办法。结果，大量的恶搞图片反而让人们失去了方向，陷入了更大的困惑，使得人们对于既有的社会体制感到不满，却又找不到一个合适的出路。

迪克·赫伯迪格在《亚文化：风格的意义》中说："从对抗到缓和，从抵抗到收编，这样的过程构成了每一个接踵而来的亚文化的周期。"最后，我们仍然要指出的是，恶搞性的文字、图片和视频这些当代青年的亚文化也没有摆脱这样的周期，它们不断地被权力和商业收编、招安，一些恶搞性的图片被当成了社会和权力部门的遮羞布，它们转移了人们的视线，真正的社会和生活问题反而被悬置和搁浅。而且，下文我们还会提到，大量的恶搞性文字、图片和视频，是新媒介语境和消费社会的一个产物，它们是商业化的产品，主要是供消费者消遣。虽然胡戈在其《一个馒头引发的血案》和《春运帝国》这两部恶搞视频上都注明是"纯属自娱自乐"，但这显然是蒙蔽观众，更多的恶搞视频本身就是要卖给网站，然后再由网站提供给消费者。在微博上有一个叫"时尚搞笑语录"的微博。"时尚搞笑语录"是新浪网推出的一个产品，经常给人们提供一些搞笑的段子，吸引大众消费和阅读，其根本的目的是增加新浪网的受众群体。而许多恶搞性文字、图片和视频本身也是"浅阅读"社会的一个体现，并不提供深刻的思想和意义。

恶搞是人类一种很普遍的现象，但是在不同的文化语境里，人们恶搞的方式、内容以及所产生的效果都是不同的。我们如何在一个跨文化语境中去具体理解某一种恶搞现象呢？

跨文化的恶搞

最近,著名演员宁静在接受记者采访时,谈到为何与外国的丈夫离婚时说一个主要原因是“文化差异”。今天,随着交通工具和媒介资讯的日益发达,不同国家、地区和城市的人们之间交往越来越频繁。交流让不同种族、地区和国家的人得到了相互理解,但另一方面,在跨文化的交流过程中,“文化误读”仍然是一个重要问题。有时不同文化背景的人在一起交流时,会觉得对方不了解自己。在不同文化的翻译、改写过程中,这样的情况也经常发生。李白、杜甫的诗或《红楼梦》这些代表中国文化的经典作品,翻译成英文可能完全是另外一种模样。同样,莎士比亚、托尔斯泰的作品翻译到中国来,可能和原著不是一回事。有一些改编和翻译在某个国家的人看来完全是一种恶搞,甚至在同一个国家的不同地区,由于地区语言、习惯和社会风俗的差异,文化上也会存在着巨大差异。同样的一部华语影片,分别在中国台湾、香港、澳门地区和祖国大陆这几个地方放映,效果可能完全不同:在祖国大陆看来是严肃的影视作品,到了中国台湾、香港或者澳门地区,可能就变成了一部具有反讽和搞笑色彩的作品了。

不同地区的人们经常有意识地根据自己社会发展和文化环境的需要,重新改写他者的文化,特别是在今天全球消费的社会语境中,出于商业利润和文化交流等原因,改写他者文化的现象越来越普遍。例如,好莱坞就根据中国古代的花木兰从军故事,拍了一部《花木兰》,朝鲜将《红楼梦》的故事改编成了歌舞剧,中国的一些导演重新改编意大利的歌剧或者莎士比亚的戏剧。1997 年,张艺谋就曾经应意大利佛罗伦萨五月歌剧院的邀请,执导了一部中国版的《图兰朵》。

在跨文化的语境中讨论这些改写、改编和改拍很有意思。我们可以具体考察:同样的故事在不同的文化语境中发生了怎样的变化?在改写、改拍的过程中,哪些东西变了?哪些没有变？变和不变又意味着什么？到底是忠实于原文本好，还是为了适应本国口味进行大规模的改动更好？这些问题都有待深究。下面我们即以美国好莱坞的动画大片《功夫熊猫》和日本版的《西游记》《搞笑漫画日和》等影像为讨论的媒介文本，看一看在跨文化语境中的恶搞文化现象，看一个国家是如何恶搞另一个国家的文化，这些恶搞背后又包含了哪些更深层次的文化意图，受众又会以一种什么样的态度看待这些恶搞文本。

《功夫熊猫》的“中国想象”

美国好莱坞拍摄的《功夫熊猫 1》和《功夫熊猫 2》是一个与中国话题相关的带有搞笑色彩的好莱坞喜剧动画大片。熊猫是生活在中国西南部的一种珍稀动物，被誉为中华民族的“国宝”，是中国的“形象大使”，而自从李小龙在海外出名后，功夫便成为中国文化的另一个代表。《功夫熊猫》即把熊猫和功夫这两个中国元素结合起来，展开了对“中国的想象”。

好莱坞动画大片
《功夫熊猫 1》剧照

整个《功夫熊猫》的剧情追求一种中国特色，不仅有熊猫和功夫这两种重要的中国元素，而且故事中的屋宇、建筑和山水也尽可能中国化。故事的背景选择了武当山——一个极具中国传统文化色彩的地理空间，故事主人公大熊猫阿宝就在这样的一个空间里出场。起初他是一个笨拙得连自己也瞧不起自己的“肥波”。不过，“肥波”在师傅调教和自我顿悟下，最终变为一个拯救山谷的功夫大师，消灭了龙太郎等一群企图破坏山谷和平的敌人，捍卫了山谷的和平。

不知道为什么，美国人拍中国元素的电影居然比中国人拍得更中国。——网民“vendeur”

我只浏览了一下，动作场面深得中国功夫的精髓。——网民“黄和金的搭档”

刚看完，挺有意思的动画片，没想到人家美国能拍出专门描绘中国文化的片子。——网民“myeasternlife”

其实我看这部片子就感觉在看一部武侠小说，个人感觉是比较中国化的了。——网民“iskinf”

我最惊讶的还是，配乐会配得那么用心，那么有中国味，这点大概是梦工厂比迪斯尼受传统的束缚相对小的原因吧。——网民“桌下的红心 K”

太丑化我们的国宝了。——网民“DA 帝”

其实情节是很俗套的，就是看着挺好玩。为了吃都能练成绝世武功，真是……——网民“kentdou”

看了，很好看很中国的动画片——网民“怕穿高跟鞋”

这是部很尊重中国文化的美国片，向本片导演致敬。——网民“再见花无缺”

中国元素的大量运用使得《功夫熊猫》博得了不少中国观众的认同，上面就是“天涯社区”网站上一些网民对于《功夫熊猫》的称赞。他们认为《功夫熊猫》很中国化，将中国文化表现得淋漓尽致，不过，也有不少与之相反的观点。有些网民认为《功夫熊猫》并没有中国特色，特别是熊猫阿宝，有人认为是“整个一个美国肥佬”：

熊猫整个一个美国肥佬，我是觉得很难看，熊猫也改得丑死……国产不争气啊。希望看到国产的……

——网民“klsj。f”

如此造访中国功夫有点不能接受。——网民“性感悠扬”

其他还好，剧情我不觉得很中国，又是美国个人英雄主义的片子。不过我还是很喜欢。——网民“小囡囡哦”

针锋相对的两种观点，说明受众在观看《功夫熊猫》时在“中国化”问题上存在着巨大分歧，有这样的分歧也不奇怪，“仁者见仁，智者见智”，不同的人在不同的语境下去看待这部喜剧性的动画大片会有不同的感受。

其实从《卧虎藏龙》开始，梦工厂、迪尼斯等好莱坞电影公司都对中国文化表示出了极大兴趣，东方中国成为好莱坞灵感的新源泉，《功夫熊猫》确实也运用了诸多中国元素，努力在人物的造型、故事的情节和场景的选择上尽量具备中国特色。但我们不能因此夸大《功夫熊猫》的中国化能力，如果仔细考察我们会发现，《功夫熊猫》的中国化只是一种表象，有时连表象也没做到中国化。无论是熊猫阿宝，还是蛇或虎妞，都是好莱坞化的“角色扮相”，丝毫看不出有什么中国味，以致许多网民在网上热烈讨论龙太郎等动物到底是属于日本的还是中国的。从深层的叙事结构而言，中国化更是显得苍白无力，历史悠久是中国这个文化古国的特色，可《功夫熊猫》以及之前好莱坞所拍的《花木兰》和《功夫之王》等关涉中国的大片其实都和中国历史无关，这些故事被置于一个虚空的历史情境之中（或许因为一旦牵扯到历史，西方的观众就不能理解）。总之，《功夫熊猫》只是将各种虚化的中国元素拼凑在一起，形成了一个颇有搞笑色彩的动画功夫大片，它借用了中国这个外壳，演绎的却是一个好莱坞式的打斗故事。

在文化观念上，它也是非中国化的，借助于功夫熊猫这一形象，《功夫熊猫》其实在推销一种美国个人英雄主义的价值观。熊猫阿宝是一位典型的美国式英雄，他之所以成功，在于他的勇气，凭借他与龙太郎等恶魔的搏斗，保卫了山谷的和平。而在《功夫熊猫 2》中，熊猫遇到了更大的麻烦，在强敌面前，他产生了恐惧心理，但他最终克服了心理障碍，打败了对手孔雀王。总之，《功夫熊猫》的故事简直是《阿甘正传》的“动画版”，展现的是一个依靠个人主义力量最终取得胜利的英雄形象。男女情感故事始终是好莱坞电影吸引人的法宝，在《功夫熊猫 2》中，导演还按照美国好莱坞电影的叙事模式，设置了功夫熊猫和虎妞的情感故事。

因而，批评家陈林侠将《功夫熊猫》看成是西方文化全球扩张的一种表现，他特别强调拍动画片是好莱坞全球扩张的一种特别有效的策略。因为动画片不需要复杂的文化内容，无需对中国历史文化有太多了解，无需考虑历史和时代因素。在都市消费社会环境中，青少年群体越来越成为城市影院的主要消费者，动画片更适合今天的消费环境：“西方文化在经济、媒介全球化的助力下，已然实现了地域的扩张，在其他国家产生出一种尚未稳定的全球文化，它以西方文化个人主义的自由、平等，打破他民族国家政治、道德以及文化的传统禁忌，又以他民族文化的当下性、特殊性解构西方文化对个体的制约，由此出现个体至上、感情放纵、消费享受等文化特征。”〔1〕

确实《功夫熊猫》等好莱坞动画片对于中国功夫的改编，不过是好莱坞电影工业全球扩张战略的需要，是为了获得商业利润，而不是为了推介东方中国文化。《功夫熊猫》是好莱坞电影

〔1〕 陈林侠.美国电影的中国想象：全球文化、动画形式与文化政治，社会科学，2010(10).

工业的一个产品,它的最大受益者当然是好莱坞的电影制造商。《功夫熊猫》其实采取的是一种“双重策略”:一方面,在全球文化时代,中国经济迅速崛起,西方的观众特别是年轻人渴望了解中国及其文化,《花木兰》《功夫熊猫》不失时机地向他们倾销了“中国文化”;另一方面,崛起的中国又是好莱坞的一个巨大目标市场,特别是中国青少年已经成为一个新兴的庞大都市消费群体,《功夫熊猫》和《花木兰》等动画大片就适应了这种需求,并将西方文化中的个人主义理念传播给中国青年人。

因此,那些认为《功夫熊猫》是好莱坞对中国文化的致敬的观点显然是一种误读。不过,如不少网民所评论的那样,《功夫熊猫》仅是一部好莱坞的娱乐大片,不需要带着过多的文化思考去观看。有人批评好莱坞在丑化中国的国宝——大熊猫,这言过其实,《功夫熊猫》对中国功夫及其文化的一种“搞笑性的戏仿”,并不是故意恶搞中国功夫及其文化。好莱坞电影是一种娱乐大众的工业,对于好莱坞影片而言,中国及其文化形象到底如何并不重要,重要的是这部动画片要有市场,要能吸引更多的观众走进电影院。因此熊猫搞怪的形象和情节里的一些搞笑词语,都是为了吸引全球更多的观众。为了达到消遣、娱乐的效果,特别是针对中国观众,在《功夫熊猫 2》的配音中,还出现了大量目前在中国流行的一些词汇,如“给力”等。笔者曾经在苏州的金逸电影院观看了这部动画片,当配音“给力”一词响起时,引来的是满场笑声,《功夫熊猫》所需要的市场效果显然达到了。

跨文化的“西游故事”

日本是亚洲新潮文化的源头,“恶搞文化”一词最初便来自日本。在日本大量的恶搞文化中,有许多都与其他国家相关。特别是以中国文化为题材的日本动画、视频、电影和电视剧相当多,有一些直接将中国的古典小说搬上了荧屏,如《西游记》《红楼梦》都曾经被日本人多次改编为电视连续剧。不过,像《功夫熊猫》等美国影片一样,日本人对中国文化的改编,同样在中国观众中引起了巨大争议。

大家都知道周星驰主演的《大话西游》,对《西游记》中唐僧和孙悟空的形象进行了颠覆性的改造,引起了广泛争议,并开启了之后网络视频上的"大话时代"。作为一个在中国家喻户晓的故事,《西游记》在日本和东南亚地区也有很高的知名度。早在1978年,日本导演就拍了一部《西游记》,1993年、1994年和2006年,日本又多次重拍《西游记》,这几部电视剧据说在日本的收视率还不错。不过,日本拍的《西游记》在中国引起了很大争议,有些争议还含有浓厚的民族主义情绪。

日本版的《西游记》与吴承恩的《西游记》在故事情节上相差很远,与1983年中央电视台拍摄的《西游记》差别就更大了,唐僧、孙悟空、猪八戒和沙僧的形象在日本版《西游记》里完全被颠覆了。在日本版的几部《西游记》中,唐僧以一个"女性形象"出现,在2006年版中,唐僧竟然和孙悟空发生了恋情,在雪地和沙漠里浪漫嬉耍。孙悟空、猪八戒和沙僧的形象变化也很大,这三位师兄弟给人的感觉,都不再像中国版《西游记》中的那么神通广大,他们变得贪吃、好色,经常被各种美女诱惑。例如,在1978年版日本《西游记》第1集中,沙僧一出场就与美女搭讪,被美女的言论迷惑。在1978年版日本《西游记》的第2集《温泉国》中,孙悟空、猪八戒和沙僧对温泉国的几位美女垂涎欲滴,温泉国的女人用现代语言赤裸裸地挑逗他们:"没关系,非常欢迎,这里是我们三姐妹为旅行者开的温泉馆,像你们这样的强壮的男人,我们可是非常欢迎的。你们之中有哪位愿意要我们其中一个,成为这家旅馆的主人吗?"

显然,日本版的《西游记》按照现代社会的需求和日本本土观众的口味，对中国古典《西游记》小说进行了全新改造，“日本化”和“现代感”是日本版《西游记》的最大特点，中国的神话故事《西游记》被重新置于一个日本社会的历史和现实语境中。例如，1978 年版日本《西游记》开头有这样一段介绍文字：“这是龙还在天空中飞翔的时候的故事，一个叫三藏法师的和尚为了世界和平，去西方求经。”唐僧西天取经的故事被说成是“为了世界和平”。大量的日本元素被融入了日本版的《西游记》中，唐僧、孙悟空、猪八戒和沙僧的穿着打扮都已日本化，他们的住宿和饮食也都与日本有关。在 1978 年版日本《西游记》的第 4 集里，唐僧师徒三人走进的饭店是一个“超级料理店”，他们吃的竟是日本料理，而且还有芥末。

“现代感”是日本版《西游记》的另一大特点。西天取经的故事被改造成适合现代都市消费语境的情感故事。这个故事不再仅仅有西天取经、除妖降怪等情节，而是探讨了更广泛的社会和人生问题、男女情感问题、友谊问题，还有生和死的一些问题。西天取经的旅途不仅仅是为了得到经书，更是对社会的观察和人生的反思。在最后部分，孙悟空、沙僧和猪八戒都表示通过这次旅行理解了很多东西。更有意思的是，日本版《西游记》在最后部分也颠覆了吴承恩的《西游记》故事，唐僧师徒虽然抵达了天竺，但是理想的天竺国却瓦解了，他们开始反思神和人之间的关系，甚至与神发生了严重冲突，最终发生了一场反抗神的战斗。一开始唐僧完全相信神，可后来他也不相信了，他被徒弟们说动。唐僧师徒的觉悟是：神并不了解世间的生活，不了解尘世间写在人们脸上的悲伤、高兴和痛苦。

在许多中国人看来，日本版《西游记》是违背原作的恶搞

日本版《西游记》中的唐僧

与《功夫熊猫》一样，日本版《西游记》在中国引起了广泛讨论，争议更激烈。争议的主要观点仍然分为两派：一派是对日本的改编强烈不满，许多网民在网上发表帖子，表示对日本的改编无法接受，认为他们的改编是在恶搞《西游记》，侮辱了中国文化。一位网民针对2006年版日本《西游记》义愤填膺地说：

此次翻拍最离谱的应该属唐僧，不知道是不是日本人想象力过于丰富，众所周知的西天取真经的唐僧，在剧中竟然变成了一位靓丽的女性，身着洁白的袈裟，用那双略带哀怨的眼睛，时刻盯着她的爱徒孙悟空——这样的表演是因为剧情安排了女唐僧与孙悟空谈恋爱！实力派女星深津绘里反串的唐僧据说吸引了很多日本观众，但作为中国观众，我觉得怎么看怎么别扭。

不仅如此，这次翻拍除了角色定位的变异，日本人还在服装造型上进行了颠覆：女唐僧的怨妇扮相；孙悟空的“美猴王时代”被忽略了，而且不再乘筋斗云，来去都是一块滑板；猪八戒的九齿钉耙缩水到了五齿，并且主动背起了行李；沙和尚原来的禅杖则变成了两把小叉……这些恶搞的例子简直举不胜举，而这些都是令中国观众咬牙切齿的。同时，剧中的妖怪神仙也都进行了重新创作，加入了“幻翼大王”等新角色，还安排一神秘女子与孙悟空发生感情，传统的观音也不见了。

你们这群家伙想提高收视率能够被人理解，但你们至少要明白一点，《西游记》是中国的国粹、文化精髓，我们容不得你们对此恶搞。你们以为这种搞笑的电影会给人带来欢乐吗？那是一种悲哀，我们中国人不会买你们的账，相反会对你们的这种行为做出反击，让你们为自己的这种恶劣行径付出相应的代价。

你们喜爱中国的文化，欣赏中国的名著，我们很是欢迎，可是不要以你们的那种恶劣方式来糟蹋中国的文化，那样我们中国人绝对不会罢休的。中国一直信守“人不犯我，我不犯人”的做事风格，但你们要是犯到我们了，我们会双倍奉还。你们应该很清楚，你们很多年前在中国犯下的滔天大罪有怎样的下场，可是你们怎么又来恶搞中国的文化？[1]

这种批评声音是反对恶搞《西游记》的代表，认为日本人是在恶搞中国文化，甚至这位网民将对日本版《西游记》的批评延伸到中国和日本的历史关系上，他的批评充满了民族主义的情绪。

名为“吾诗未成”的网友代表了另一种观点，他认为日本版《西游记》的恶搞是一件很正常的事情，“有损国格？我们在自己创造的恶搞中享受狂欢，却对另外一种恶搞普遍持敌对态度：来自东瀛日本对中国古典名著的恶搞。中国人可以允许自己人瞎改《西游记》，也可以允许美国人乱编《西游记》，却不愿意日本人来碰《西游记》”。他不认为日本版《西游记》是在侮辱中国文化，他觉得中国人按照自己的想法改编其他文化的现象也很普遍：

……对中国如此取舍改变，西方国家也确实没有跳出来横加指责或干涉，相反，当中国改编的莎翁戏剧赴海外演出的时候，他们给予了极大的鼓励和好评。改名为《王子复仇记》的京剧版《哈姆雷特》赴丹麦演出

---

〔1〕《西游记》遭日本恶搞，网友“毒”骂. http://culture.163.com/06/1025/14/2U9MIA6T00281MU3.html.

时，很多丹麦人激动地用“很东方，也很莎士比亚”来形容《王子复仇记》。还有观众说：“京剧本身的魅力如此强烈！它给我们已经听得有点腻味的莎士比亚对白带来了新意。”丹麦的媒体更是前所未有地一致给予《王子复仇记》“五星”的评价。

如此，再回过头来看看在闻听西方要重拍中国经典的时候一些人的反应，我们不禁要为这种文化上的小家子气而脸红了。因为，《西游记》作为中国传统经典，不可能因为别国的文化参与而丧失“文化产权”，更不应理解为糟蹋经典和有损国格。罗兰·巴特说：“作者并没有优先权，任何读者都有从作品中创造出自己想要的东西的自由。”文化是需要传承的，国外对《西游记》的拍摄也证明了世人对中国名著的关注，任何观众都可以看出这些《西游记》与原著不相符，《西游记》原著也依然存在，也依然会受到读者的喜爱。在这种情况下，又何来对中国文化的破坏呢？

从远古至今，没有也不可能出现单一文化的格局，有文化差异势必出现文化理解的不同，进而也就需要文化交流。在全球化的今天，任何国家和地区都不可能“遗世而独立”。惟有主动融入和参与全球化进程，才能保持民族与国家的文化竞争力，也才能使传统文化焕发生机与活力。《西游记》既是中国的，也是世界的，不同国家各方人士对《西游记》进行各自不同的文化理解，只会增加这部经典的丰富性，丝毫不会减损其原有的光芒。只有在不断碰撞、排斥、吸收和融合中，文化才能焕发出新的光彩，才会有更加强劲的生命力。而缺少开放和包容的文化必然是虚弱的，没有吸收和冲撞的文化必然是一潭死水。改革开放的今天，我们应该警惕的是，在文化上我们依然积存着闭关锁国的心态。[1]

两种不同的说法，都涉及了不同语境的“文化理解”问题。笔者也赞同后面这位网民的看法，日本人怎么翻拍《西游记》那是他们自己的事情，他们并没有在《西游记》中直接侮辱中国文化，电视剧和有辱国格实在没有什么关联，他们不过是将在日本也家喻户晓的一个中国故事改拍成一个搞笑的电视剧而已。他们所拍的电视剧不是拍给中国人看的，它的观众和消费群体在日本。他们自然要按照自己国家观众的口味进行改编。要不然，他们直接买进中央电视台版的《西游记》好了，而日本版《西游记》确实也因为“日本化”和“现代感”，更加符合日本当代都市青年群体的观看口味。他们的成功对于中国的一些导演应该有启发意义。并且，日本版《西游记》虽然有大量搞笑镜头，但不是一个降妖除怪的简单取经故事，而是通过唐僧师徒的西天旅行，深入探讨了人类的各种情感故事，如爱与恨、生与死、神与人类、高兴与悲伤等，无论是孙悟空、猪八戒，还是沙僧，他们在最后与唐僧告别时都强调，正是旅行，让他们重新认识了自我，认识了伙伴和友谊等问题。相比较而言，中央电视台的《西游记》的主题、情节和思想内涵都过于简单。

给力？ 不给力？

日本的动漫文化在亚洲乃至世界都有很大的市场，日本的电玩、漫画等流行文化长期影响着韩国、中国和东南亚一些国家

〔1〕 吾诗未成. 日本拍《西游记》不行. http://news.xinhuanet.com/forum/2006－11/18/content_5342896.htm.

的青年人。日本动画片里的一些轻松、娱乐和恶搞的都市主题，代表着都市文化的潮流，被我国年轻人争相效仿。在这里，我们即以《搞笑漫画日和》为个案，探讨日本的流行动漫是如何影响我国的青年受众的。

日本动漫《搞笑漫画日和》中的一些场景

《搞笑漫画日和》最初以漫画的形式出现，改编成动画片后更是广受青年人欢迎，风靡中国和亚洲其他国家、地区。年轻的中国大学生主要通过人际传播知道《搞笑漫画日和》，而后在网络上下载观看。笔者的一群学生曾对《搞笑漫画日和》的传播渠道进行了调查，他们在苏州、南京、淮阴和泰州等地发放了100份调查问卷，并在《搞笑漫画日和》的粉丝群、同好会、论坛、贴吧等主要宣传阵地做了一些深度访谈。调查显示，在“通过什么渠道知道《搞笑漫画日和》”的问题上，有52%的人选择了朋友、同学推荐(人际口头传播)，31%的人选择了人人、微博等分享，只有17%的人选择了自己关注。也就是说，《搞笑漫画日和》主要是通过人与人以及社交媒介的人际传播，迅速被青年大众接受。许多中国年轻人接触了《搞笑漫画日和》之后都成为其忠实粉丝，他们中有许多人还以志愿者方式，分文不取地将《搞笑漫画日和》的对白翻译成中文，甚至翻译成各种方言，大大推动了《搞笑漫画日和》在中国不同地区的流行。年轻人还在网络上建立了讨论社区，在社区中与其他人讨论、交流观看感受，形成了一些《搞笑漫画日和》的亚文化圈子。例如有“日和吧”“cucn201吧”“宝木中阳吧”“ng熊王吧”“Onelove小爱吧”“白客小白吧”“搞笑漫画日和吧”“圣德太子吧”“小野妹子吧”“曾良吧”“兔美吧”“给力吧”“不给力吧”等，QQ群上也有“日和症候群”“日和闹不住群”“搞笑漫画日和”“日和@.@漫画”“这货不是群这货不是群”等。喜欢《搞笑漫画日和》的年轻人聚集在这里讨论和交流，扩大了

《搞笑漫画日和》的影响。

《搞笑漫画日和》能够在中国年轻人中迅速传播，除了得益于日本动画片本身在亚洲的影响之外，还得益于《搞笑漫画日和》提供的轻松、搞笑的剧情，更适合中国都市年轻人的消费口味，让生活在现代都市压力空间里的年轻人精神得以放松，特别是在他们无聊时，《搞笑漫画日和》满足了他们的精神需要。在笔者学生的调查问卷中，当问及“什么情况下会看《搞笑漫画日和》”时，有 47%的人选择了“无聊时”这个选项，有 15%的人选择了“有空就看”，仅有 5%的人选择了“心情低落时”，剩下的则选择了“其他”这个选项。[1]

“无聊”是多数青年大学生观看《搞笑漫画日和》的主要原因，《搞笑漫画日和》在大学生无聊时为他们提供了消遣的渠道。《搞笑漫画日和》里的许多剧情都很简单，不用费太多思考。比如，第 4 季的第 22 集描写了这样的情节：太子和妹子两个人登富士山，两个人登到山顶之后，妹子自己带了防寒羽绒服，而太子就对妹子说，你真狡猾，自己带衣服而不顾别人。妹子则对他说，你难道不知道富士山上有积雪，而太子的回答则变得很搞笑：“我还以为富士山上的白色是淀粉之类的东西。”这些对话颠覆了人们的日常思维模式，赢得了观众的喜欢。

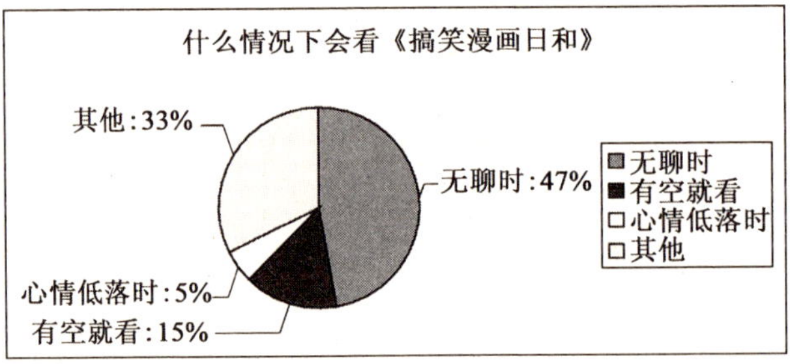

苏州大学学生对日本动漫《搞笑漫画日和》所做的观影调查[2]

《搞笑漫画日和》成功

---

〔1〕 这个调查结果源于笔者指导的几位大学生对于《搞笑漫画日和》所做的青年受众调查研究。

〔2〕 数据来自于笔者指导的学生钱毓蓓等关于《搞笑漫画日和》的受众调查。

地将日本恶搞文化推销给中国青年观众，深深影响了中国青年观众的生活和价值观念。它在青年群体中影响之大，通过一个词语就可以体现出来。“给力”一词在 2010 年成为中国年度热词，无论是报纸、杂志还是电视、电台，无论是高档商场还是街头小贩，“给力”一词随处可见。而“给力”的“始作俑者”便是为《搞笑漫画日和》配音的 cucn201 配音组。cucn201 是由中国传媒大学南广学院的四个男生组成的一个网络配音小组。他们根据自己对剧情的理解，重新添加台词，在《搞笑漫画日和》等动画片中加入了大学生在宿舍里说的一些流行语，结果，这些话在网络上迅速走红。

cucn201 的标志

不仅仅是“给力”一词，cucn201 在给《搞笑漫画日和》配音的过程中，还创造了很多流行语，这些流行语在大众中迅速播散开来。其中最广为流传的是这几句：我擦嘞、我去、我嘞个擦、我嘞个去；坑爹呢这是、吓死爹呢；闹不住啊、闹哪样、你这是闹球肾啊……根据笔者学生的调查显示，无论是《搞笑漫画日和》的铁杆粉丝还是普通受众，只要是看过《搞笑漫画日和》的学生，至少会说一两句里面的流行语，而在所调查的样本中，有 5%的受众知道《搞笑漫画日和》所有的流行语，有 34.56%的受众平时会经常使用这些流行语，并且几乎将其作为自己的沟通方式，认为这是一种时尚潮流。而这些流行语也迅速影响到社会大众，甚至成为大众和媒介喜欢使用的“新词语”。

受《搞笑漫画日和》影响而生产的 T 恤

当然，普通的青年大学生和一些铁杆的“日和迷”还是有很大差别的。铁杆的“日和迷”对《搞笑漫画日和》有一种更高的需求，他们愿意发掘《搞笑漫画日和》更多的作用和意义，他们长期关注这个电视剧，成立各种“日和吧”。不同年龄阶段的青年群体对于《搞笑漫画日和》的接受度也很不相同，有几位大学生朋友对笔者说，过去的人是十年一个代沟，现在不同了，在大学生之间，一两年就已经有代沟了。这几位大三的学生（2008级的大学生）感慨地告诉笔者，她们不太明白大二的女学生为何觉得《搞笑漫画日和》里的某一集那么搞笑，当大二的青年女学生一边看一边前俯后仰地哈哈大笑时，大三的几位女学生却不明白她们笑什么，因为在大三的学生看来，大二学生所看的那一集剧情一点儿也不搞笑。几位学生的话很有意思，说明在新媒介环境中，亚文化的“代际转换”越来越快了，新兴的一些青年群体更容易接受《搞笑漫画日和》的搞笑方式。

除了为青年观众提供搞笑的剧情之外，《搞笑漫画日和》也用一种轻松、搞笑的方式思考一些社会和人生问题，《搞笑漫画日和》的思考方式也深深影响了中国青少年。《西游记：旅程的终点》是《搞笑漫画日和》中的一个故事。这个故事同样颠覆了中国《西游记》的叙事和情节套路，唐僧、孙悟空、沙僧和猪八戒师徒四人到天竺取经，但最终猪八戒没有到达天竺，原因竟然是在路途中被其他三人当成食物吃掉了，剩下的师徒三人则为了第一个到达终点，每个人都用尽各种邪恶的手段，背后偷袭、骗人耍赖、暴力相向等。结果西天取经的神圣故事被瓦解为一个互相残杀的故事，唐僧师徒四人的传统形象完全被颠覆了。不过，在搞笑之余，《西游记：旅程的终点》却让人对人与人之间的关系有了更深的一种理解。

《平田的世界》也阐发了不少人生哲理，不过，它以一种极其恶搞和戏谑的方式来讲述人生问题。故事是这样的：平田在发现自己不过是一个漫画中人物之后，开始设想自己作为一个漫画人物会发生一些什么事情，之后发生的事对于平田来说一开始都非常难以接受，但是一旦接受了这样的设定却也觉得不错。

这个视频说明人的思想会随着环境的改变而改变，也说明了环境让人生无奈。许多中国青年受众在这个仅仅为时 3 分 48 秒的动画片中，得到了许多人生启发。笔者的学生在大学生群体中调查发现，当问到一些大学生最喜欢《搞笑漫画日和》哪一集时，其中一名女生对《平田的世界》赞赏有加，说这是她最喜欢的一集，因为她觉得这一集上演了一出无奈人生的戏剧。可见在恶搞、戏谑的外表之下，《搞笑漫画日和》能将一些奥妙深刻的哲理形象化和具体化，比起枯燥的道德说教更加行之有效，因而更能得到青年大学生的认同。

《世界末日》是另一个广受中国青年大学生推崇的作品，故事寓意深刻，背景是一个巨大陨石将要撞向地球，世界末日即将来临，在世界末日面前，演歌界前辈大原先生全裸出镜，在电视上暴露出自己最讨厌演歌以及十分猥琐变态的本性；人气偶像松山爱妹妹爆出自己当初是靠潜规则出道，并且隐瞒了年龄；腹语大师二阶堂先生也显现了自己的真面目，暴露了自己平时隐藏起来的见钱眼开的本性；大街上的普通民众也在做着疯狂的行为；在世界末日来临之前，每个人都将自己最真实的本性暴露了出来。

然而，最后出场的魔术师三井先生却阻止了世界末日的来临，他用特异功能将大陨石弹走，场上的嘉宾们马上恢复了商用表情，无力地重新开始掩饰自己。《世界末日》用搞笑的方式探讨了人类的内心世界和其外表之间的差异，指出在日常生活之中，许多人其实是表里不一，说一套做一套。这个视频在挖掘人性的深度方面，具有相当的震撼力，让人们明白，在日常生活中，人们经常看到的或许只是一个表象。

小　结

上面只是简单地讨论了跨文化语境中的恶搞文化。跨文化是一个相当复杂的问题，不同的文化之间如何转换，在转换过程中到底发生了哪些变化，需要进一步思考。比如在《搞笑漫画日和》中，一些对日本青年观众而言比较搞笑的对话、场景和情节，或许对于中国青年观众来说一点意思都没有。在跨文化语境中，如何改编、翻译和重新配音，在这个过程中，原来的文化发生了哪些变化，又产生了怎样的效果，不同的受众群体是如何接受不同国家和地区的文化的，均需要做更为仔细的考察。另外，恶搞文化与地方文化的关系我们在这里也没有详细论述。其实恶搞文化以及其他许多亚文化与特定地方文化有很大关系，不同地区的恶搞文化有时具有很强的地方色彩，如果脱离了这种地方文化的语境就很难理解，也会发生大量的误读现象。例如，周星驰恶搞性的“无厘头电影”，在很多情况下要到中国香港地区和广东这样的粤语文化语境中去认识。

商业的力量是强大的，许多恶搞最初可能仅仅是为了好玩，仅仅是为了娱乐，但是商业很快就介入进来。今天，各种各样的恶搞现象，或多或少地都与商业有着千丝万缕的联系。

被消费的恶搞

商业对于恶搞文化的影响是显而易见的，周星驰恶搞性的“无厘头电影”本身就是电影工业的一部分。今天网络空间里盛行的一些恶搞，尽管有些宣称是个人的行为，与任何商业没有关系，但这些恶搞实际上都离不开商业的影响，而有一些恶搞更是直接和商业利益挂上钩，利用恶搞来吸引大众眼球，根本的目标是获得商业利润。在这里，我们就从消费社会的视角，去理解作为商品的当代恶搞文化。

消费社会与文化商品

大众文化被看成是一种文化商品，在今天已经不足为奇，但是在过去，在精英主义的文化观念里，文化艺术应该是独一无二的作品，是艺术家个体灵感的创造物，这些文化作品不应该沾染商业的气息，更不应该被当做一种商品出售。约翰·霍尔等人认为，这样的观念其实是现代社会关于文化的“神话”：“常识对于文化生产的想法强调个体的灵感和创造力。其中一个神话就是将艺术家视为前现代国家的萨满，他们参与神圣的过程，艺术家和艺术作家的灵感都来自于神授。另一个神话随着 19 世纪个人主义的发展而被人们信奉，也就是将艺术家的形象视为浪漫主义的英雄：艺术家是疏离于社会的天才，独自在小阁楼中创作伟大的作品。这两种形象就强调创作者的视角和作品的唯一性。”〔1〕

这样的观念在今天仍然被不少精英知识分子尊崇，但对于社会大众而言，今天的大众文化显然不是一种艺术独创，也不是独一无二的，它们是现代文化工业和媒体文化的一个组成部分，

〔1〕 约翰·霍尔，玛丽·乔·尼兹．文化：社会学的视野．周晓虹，李彬，译．北京：商务印书馆，2004：164．

是供大众消费的商品。在一些西方社会学家看来，18 世纪是西方大众消费的开始，这个时期的消费开始超出了贵族阶级并逐渐在大众中流行。消费的观念也发生了深刻变化。大众文化即在消费语境中生成；到了 19 世纪，消费的观念得到了继续发展，开始被更多的人接受。约翰·霍尔指出，新的亚文化风格开始在青年中间出现，“在 18 世纪中产阶级首先开始模仿富人，而在 19 世纪不同的消费模式开始出现。资产阶级占统治地位，但年轻的花花公子却发展出了与资产阶级风格相对立的自己的文化趣味，与此同时，装饰艺术运动(主要与威廉·莫里斯和他的手工艺作坊有关)试图对这种资产阶级风格进行改革。消费成为一种表意的手段而非地位——或者是欲图得到的地位，它也能表达个人对资产阶级文化的态度”〔1〕。他认为正是在消费社会的发展过程中，形成了一些反对资产阶级主导文化的青年亚文化。20 世纪和 21 世纪更是被看做一个大众消费和大众文化的时代。例如，丹尼尔·贝尔认为，伴随着现代都市的发展，伴随着电影、电视和广告等大众传媒的发展，伴随着汽车的发明和分期付款模式的出现，20 世纪 50 年代后，消费观念逐渐深入人心。美国文化已经转向了一种注重游玩、娱乐、炫耀和快乐的“享乐主义”。

消费社会带来的是大众文化和各种各样的亚文化。新兴的大众文化本身就是资本主义消费社会的产物，是消费社会的一种“商品文化”，并在生产、消费和流通的过程中实现其使用价值。霍克海姆和阿多诺因此将大众文化称为“文化工业”，认为大众文化是当代资本主义工业流水线上的产品，具有其他商品的一切特征，如复制性、雷同性和大规模生产等，“整个文化工业

〔1〕 约翰·霍尔，玛丽·乔·尼兹. 文化：社会学的视野. 周晓虹，李彬，译. 北京：商务印书馆，2004：144.

把人类塑造成能够在每个产品中都可以进行不断再生产的类型。在这一过程中，从制片人到妇女俱乐部，所有机构都在小心谨慎地保证这种心态的简单再生产不会以任何方式得到细致的描绘和扩充”。这在霍克海姆和阿多诺看来是很可怕的事，因为这是对文化本身的摧毁：

> 今天，自从人们把精神创造总结成文化，并使其中性化以后，审美的野蛮特性就使那些能够对精神创造造成威胁的因素荡然无存了。当人们谈论文化的时候，恰恰是在与文化作对。文化已经变成一种很普通的说法，已经被带进了行政领域，具有了图式化、索引和分类的涵义。很明显，这也是一种工业化，结果，依据这种文化观念，文化已经变成了归类活动。[1]

阿多诺等人对大众文化的悲观论调在今天已经得到了修正，因为大众文化并不完全像他们所说的那样，对资本主义制度毫无“反抗性”，完全是资本主义工厂流水线上的一个简单产品。大众文化也不像霍克海姆和阿多诺所说的那么单一，它们是丰富多彩的，不同地区、不同阶层和不同性别的人群都可能拥有自己的亚文化。

大众文化与商业消费的关系是复杂的，大众文化是文化工业和消费社会的产物，资本主义文化工业、演艺市场和现代的大众需求，推动了一个又一个大众明星的产生。反过来，杰克逊、麦当娜所代表的流行文化，带动的是录像带、唱片、音响、演艺市场和其他文化工业的繁荣。费斯克从“文化商品”的角度考察了

〔1〕 霍克海姆，阿多诺．启蒙辩证法．渠敬东，曹卫东，译．上海：上海世纪出版集团，2006：118.

大众文化与消费社会的关系。他以电视为研究个案，探讨了这种文化商品的特征，他认为文化商品具有两方面属性：金融经济和文化经济。金融经济和财富相关，文化经济则是“流通着意义和快感”，“金融经济”是一种符合社会主导秩序和意识形态要求的经济：

> 任何一种产品，它赢得的消费者越多，它在文化工厂现有的流程中被再生产的可能性就越大，而它得到的经济回馈也就越高。因此它必须诉诸大众的共同之处，并否定社会差异。在资本主义社会，大众共同拥有的是宰制性的意识形态，是服从或被剥夺权力的体验。……于是所有的文化商品，多多少少都具有我们可以称之为中心化的、规训性的、霸权式的、一体化的、商品化的（这类形容词几乎可以无限繁衍）力量。[1]

这就是说，许多大众文化，特别是恶搞、自拍之类的亚文化，尽管具有强烈的反叛色彩，但是作为一种大众文化，作为一种文化商品，它们的身上体现了主导意识形态的意志。例如，今天新浪、搜狐、网易等网络媒介上流行的各种恶搞、御宅、微博等流行文化，它们首先是新浪、搜狐、网易这些网络的主流媒介生产、经营和流通的一部分。新浪、搜狐和网易对于某种亚文化的操作、运营极大程度地影响了这种亚文化的发展。搜狐的老总张朝阳在谈到搜狐微博时，就曾经遗憾地告诉采访他的记者，由于没有重视微博这种新兴媒介亚文化，搜狐微博失去了一次重要的发展机会，使用人群远远低于新浪。认识到劣势之后，这位中国网

---

〔1〕 约翰·费斯克．理解大众文化．王晓珏，宋伟杰，译．北京：中央编译出版社，2001：27.

络主流媒介的当家人立刻表示，要努力借助于搜狐这样的媒介平台将微博“普及到更广泛的人群”中去：“微博这一块我们稍微打了一个盹，但微博或者 Web2.0 的应用，现在在中国还只是一个小众市场，很多人还没有开微博或者玩社交网络，所以搜狐的介入还有广阔的市场，我们立志通过搜狐的努力来把微博普及到更广泛的人群，然后有更广泛的人群来使用微博。”〔1〕

一些新型的媒介和大众文化就是这样，首先由主流媒介设计、开发和生产，然后通过商业营销加以推广和传播，让大众熟知，然后才成为大众自己的文化商品。许多网民一开始并不知道微博是一种什么东西，经过新浪等主流媒介的大力推介，他们才知道了微博。在此过程中，主流媒介的意识形态和价值观念自然也不知不觉地渗透进来。

在今天的新媒介空间中，大众自然不是完全听命于商业资本和主流意识形态，按照他们的规训行事。大众文化是要创造出自己的意义和快感，大众文化与主流文化之间存在着不同的根本利益，他们需要与主流文化进行协商、对话，甚至直接反抗资本主义的文化霸权，“这些大众的力量将文化商品转变成一种文化资源，还使文化商品提供的意义和快感多元化，它也规避或者抵抗文化商品的规训努力，裂解文化商品的同质性和一致性，袭击或偷猎文化商品的地盘，所有的大众文化都是一场斗争过程，而这场斗争发生在社会经验、人的个性及其与社会秩序的关系、该秩序的文本和商品的意义之上。而阅读种种关系，会再生产并重新展现种种社会关系，所以权力、抵抗和规避都必然被结构到这些关系中”〔2〕。

〔1〕 马海翎，张朝阳：再造搜狐不怕晚 不会再错过微博. 解放日报，2011-02-12.

〔2〕 约翰·费斯克. 理解大众文化. 王晓珏，宋伟杰，译. 北京：中央编译出版社，2001：27-28.

亚文化的“商业形塑”

大众文化既要接受和传播主流意识形态的某些思想、立场和价值观，又与主流意识形态形成了一种“对抗关系”。大众文化中一些新兴的、多种多样的青年亚文化，往往都是在反叛资本主义社会和文化秩序的过程中形成的。这些亚文化十分注重自己的独特性和新颖性，努力和一般的社会大众及其他青年亚文化群体区别开来，朋克族、光头党、嬉皮士，他们的穿着打扮都不太一样，每一个亚文化群体都力图在标新立异中确立自己的文化风格。但形成自身独特的亚文化风格谈何容易，它也离不开消费和物质环境，有人已经指出嬉皮士喜欢穿“祖特装”（zoot suit）和“欧陆装”（continentals），摩登族则喜欢“颜色体面、样式保守的西装”，光头党则爱骑着经过改造的摩托车招摇过市。这些亚文化都要借助于外在的物质设备来创造自己的亚文化风格。默克罗比在讨论美国和英国的一些青年亚文化行动时也提到，商业对于亚文化风格形塑至关重要，有什么样的消费和物质环境，就会产生什么样的亚文化：

> 在英国，嬉皮士企业从理查·布兰森的“处女唱片”到为数极多的城镇里出现的各种店铺，不管是卖书、素食、香料、印度女外套、凉鞋，一概应有尽有，甚至包括小型艺廊、独立的电影院和伦敦的杂志《零时》。
>
> ……但这种不满忽视了一个事实，就是一种亚文化运动需要这些地方性的商业活动巩固自己的存在。衣服需要人买，乐队需要找地方演奏，音乐会海报需要张贴……这都是发展商业、施展管理才能的

好机会。[1]

物质和消费环境是亚文化形成的基础，各种各样的亚文化组织都需要空间、场地和形式，这一切要借助于商业活动才能完成。麦当娜那些反对男性霸权的音乐，需要大量歌迷去消费。所以，前面提到的胡戈在其《一个馒头引发的血案》等恶搞视频中，虽然打出了“纯属自娱自乐”的标语，但这样的标语并不符合实际，我们从胡戈以后一系列的视频短片中可以看出，商业化的运作早已潜入其中。不同的商业和消费环境中，会有不同的亚文化形态。没有摩托车，光头党冷酷的亚文化形象就要“打点折扣”。今天的很多亚文化更是受制于商业环境，例如，对御宅族而言，如果没有了网络和快递等交流方式，他们就无法“御宅”了。

在讨论大众文化，特别是亚文化与资本主义商业社会的关系时，有一点值得重新思考，英国文化研究学派的代表人物斯图亚特·霍尔和约翰·斯道雷等人都用“收编”一词概括当代亚文化的最终命运。在他们看来，嬉皮士、无赖一族、摇滚族和摩登族这些具有反抗精神的各种青年流行亚文化，发展到最后都被资产阶级的意识形态和商业加以“收编”。这样的观点影响巨大，直到今天，人们在谈论各种亚文化现象时，“收编”经常被研究者提及。当然，主流文化会利用权力和商业对大众文化，特别是亚文化加以“收编”，但在费斯克看来，大众文化从本质上就包含了一种商品属性，上面也提到许多大众文化本身就是商业运作的一个产物，商业早已潜伏于其血脉之中，是其肌体的一部分。

当然，有一些亚文化可能一开始商业化的趋向并不明显，或

[1] 安吉拉·默克罗比. 后现代主义与大众文化. 田晓菲，译. 北京：中央编译出版社，2001：171－173.

者说它开始就是以一副反商业化和反意识形态的姿态出现。例如,美国早期的嬉皮士和摇滚运动均有一种强烈的反商业社会的价值趋向,他们痛恨资本主义制度,痛恨奢华纵欲的消费社会,要创造一种"新型社会",提倡节俭和禁欲主义。但渐渐地,情况发生了变化,商业因素不断侵入进来,最终瓦解了他们原来的"梦想",他们被政府和企业收编、招安,由亚文化变成了商业流行文化。关于这一点,英国学者斯道雷等人已经做了很深入的考察。2011 年 8 月 17 日的《文汇报》发表了一篇题为《"酷日本":实实在在的生产力》的文章,讨论了日本动漫文化的发展变化。文章指出,在消费和商业的推动力下,日本的漫画和动漫产业实际上经历了一个从"亚文化"到"雅文化"的转变过程:

> 时光倒退半个世纪,谁能想到,发轫于战后初期的日本青年亚文化会取得今天的成就。数十年间,以动漫、电子游戏为代表的青年亚文化被贴上"问题""病态""解构"等标签。如今这些非主流的亚文化"物种"逐渐成为主流"雅"文化,甚至构建了日本在 21 世纪赖以生存的重要软实力。〔1〕

动漫、电子游戏一开始都是一种具有反叛性的青年亚文化,看动漫、玩电子游戏的人往往都被主流社会排斥,但在今天,这些亚文化反而成了日本的主流文化,被政府和企业家当做一种文化产业向世界推销。在我国其实也是这样,一开始电子游戏和动漫文化的地位都不高,但近年来,随着都市消费意识的增强,青少年这一巨大市场使得政府将动漫和电子游戏作为一种新兴的都市创意产业而加以推介。再如迷笛在中国曾经是处于

〔1〕 黄维."酷日本":实实在在的生产力. 文汇报,2011-08-17.

边缘位置的亚文化，有一些还只能在地下生存，但到了今天，迷笛不仅从地下转到地上，而且发展成为都市流行文化的一种，政府和商业组织也参与了推广，通过举办迷笛节来吸引更多的青年人，从而获得政治利益和商业利益。

充满商业气息的2011年5月上海迷笛音乐节

越来越商业化和有组织性是网络恶搞文化的一个重要特点。我们在前面谈到微博中的一些创意恶搞作品时已经提到，发布这些恶搞作品的人往往都很有商业头脑，他们把电话和QQ号码留在了微博上，目的是要看到这些恶搞笑话的人和他们进行商业合作。而一些大型网站更是有意识地专门组织一些恶搞的俱乐部。例如，前面说的网易就成立了一个微博"贱人俱乐部"的社群空间，将喜欢恶搞的人聚集在一起。这个俱乐部就像现实生活中的一个商业公司，这个公司的口号就是"一起来写贱语"。他们的主要目的是为网民提供段子："贱人俱乐部是网易微博独有的民间段子组织。由首贱@韬光养肥领衔，在网易微博奉献了大量人民群众喜闻乐见、催泪又下饭的好段子，可谓贱出了风格，贱出了水平。"通过段子来吸引网民，是这个俱乐部运营的主要手段。公司的基本机构有董事长，有当家花旦，还有新入会的会员等，按照级别的不同，得到关注的程度也不同。董事长"韬光养肥"负责管理整个公司。当然，在其上面有一个更大的公司即网易在背后支持。不同的人在公司里担当的角色是不同的，他们共同维持和运营这个媒介的社区空间，下面是贱人俱乐部的核心成员：

网名：韬光养肥　　头像：

身份：贱人俱乐部董事长，少壮派碎嘴，刚毕业的穷鬼。体重常年在百斤左右徘徊，纵使大鱼大肉，依然仙风道骨范儿，逢 6 级以上大风需揣砖出行，否则后果严重，可以以行为艺术的方式演绎世界名著《飘》。真是咋吃不都胖，你不信？不信你包他一年伙食试试。

网名：小了个新　　头像：

身份：东北弱汉，贱人俱乐部当家花旦，看似文艺青年，实则内心狂躁，做事有头无尾，一度怀疑头脑浮躁坐不住板凳。医生说："坐不住板凳是因为痔疮。"遂得灵感创作了一系列关于痔疮的段子，在网易微博就名声大噪。事后得知此君找医生问"为什么内心浮躁"而不是"为什么坐不住板凳"。

网民：李铁根　　头像：

身份：李铁根，据史料记载真实身份为后燕慕容氏后裔，族裔排名慕容发财。身上流淌着添加了防腐剂的皇室血液，喜食大蒜，沼气蓬勃。毕业于虎振技校，主修驴肉火烧制作。因在家畜结扎方面的突出贡献，享受国务院卫生巾贴。喜读侦探小说，屡次破获小区内女性内裤被盗等大案要案。

网民：遇颜友止　　头像：

身份：遇颜友止，绰号燕燕，情色童话写手。16 岁被一场冰雹打通任督二脉；18 岁洗头被开水烫到脑袋，醍醐灌顶；20 岁发下宏愿欲渡世间女子，不湿润红尘不入轮回；24 岁被人咬住慈悲的慧根而坠入魔道，从此立志做一根花花世界里触摸笑点的中指。

网民：人神共粉　　头像：

身份：段子写手，老而弥贱。触网初期活跃在网聊第一线，立志将祖国青年男性价值观输出给国外无知无耻少女，但屡遭异性癖反调戏，愤而转向段子创作。作品特点如其真身，肥而不腻，色而不淫。有“粉学家”形容阅后如遇雷劈，先喜次怒再哀终乐，拜读四轮方悟其精髓，江湖人送雅号“粉四泡”。

网民：蒋枪枪　　头像：

身份：蒋枪枪，@韬光养肥的外甥女，真名牛二根，职业杀手，不杀人的时间在网易写段子，无雇主，杀人全凭心情。江湖上关于他的传说很多，但并没人见过他的真面目，甚至连性别都是一个谜，正应了那句“无性别，最魅力”，他如此之红却不骄不躁，QQ 签名长期写着“我只是一个普通的杀手”。

网民：凹凸将 turf　　头像：

身份：贱人俱乐部资深会员，大家都称凹凸是个贱将！【爱打炮，不爱撸管，爱重口味，也爱小清新，我是凹凸，我并不凹凸，我和你一样，我是严重犯贱综合症患者。】

从董事长、当家花旦、资深会员、普通会员到广大网民，这个以恶搞为主题的俱乐部形成了一个金字塔式的公司结构。董事长在最顶端,当家花旦拥有很大的发言权,资深会员则是俱乐部的核心成员,维护俱乐部的正常运转等。那种个人性的随意在网上恶搞的行为已经越来越鲜见,大部分恶搞者都被组织起来,结合到某个社区空间里,微博、贴吧就是这样一些机构,通过分类组合的方式,将网民组织起来。

“符号商品”与身份认同

大众文化不是铁板一块,在不同的消费环境下,存在着各种各样的差异,性别的、年龄的和地区的差异,不同的亚文化圈层也有不同的文化和商业需求,不同阶层的青年人会以不同的方式进行文化商品的消费。罗杰·西尔弗斯通就以电视为例认为,从商品的角度而言,大众文化是一个由各种各样符号建立起来的“符号商品”,这些“符号商品”处在一个多样化的、差异化的“差异系统”中,穿有切·格瓦拉头像的T恤衫,剃光头或者留着爆炸式的头,这些“符号商品”代表着一种独特的身份、趣味和价值观。

各种各样的亚文化身份、趣味和风格就是在一个差异化的消费语境中确立的。光头党和嬉皮士的消费不同,御宅族和快闪族的消费也不同,他们的消费趣味差别很大。就是在同一个媒介社区空间里,也会存在等级和身份的差异。例如,我们刚才提到的网易微博上的“贱人俱乐部”,这个俱乐部聚集了大量喜欢恶搞的青年人群,他们组成了一个文化圈,一起分享着恶搞的快乐。但是在这个文化圈中仍然存在等级差异,有董事长,有当家花旦,有经常被推荐的微博主,也有一闪而过的无名人士。而之所以会有这样的差别,与商业化运营有很大关系,因为在商业利润的驱动下,你必须不断提供新鲜的段子,你的级别才会升高,你的位置才更高,普通会员可以经过努力,上升为资深会员和当家花旦。所以罗杰·西尔弗斯通说:“一旦商品进入交换系统,它们就进入一个差异系统。这个系统内不同的价值和意义不仅为商品在价值等级中的位置提供了基础,而且逐渐为它们在社会中的——这个社会是围绕和通过消费建构的——位置提供了基础,有了这一基础,消费者和所有者、趣味和风格就区分开来了。”[1]

不过,在网络空间中所建构的符号身份与这些人的现实身份有时还是有很大区别的。例如,上面提到的“贱人俱乐部”对俱乐部成员进行介绍时就特地提到了这一点:

> 网易微博的段子英雄可谓高手如云,个个身怀绝技,惹不起更加躲不起。他们在微博上为大家带来了数之不尽的欢声笑语和下巴脱臼,而现实生活里,他的真实身份可能就是你家胡同口修自行车、配钥匙的光棍老王。[2]

在网络上信口开河,创作各种各样令人发笑,甚至带有点黄色幽默段子的俱乐部成员,在日常生活里,可能就是一个普通的老百姓,一个“你家胡同口修自行车、配钥匙的光棍老王”。这些在日常生活中平常、普通的人,到了网际空间里有时像变了一个人,借助于新的媒介空间,不断创造出属于自己群体的文化空间和文化意义,而且是与其他群体不同的亚文化空间。例如,“贱人俱乐部”的成员在介绍自己时,都特别强调了自己的非主流、非官方的亚文化气质。“贱人俱乐部”的成员蒋枪枪说自己是韬

〔1〕 罗杰·西尔弗斯通. 电视与日常生活. 陶庆梅,译. 南京:江苏人民出版社,2004.

〔2〕 http://t.163.com/zt/pub/duanzi02.

光养肥的外甥女，真名牛二根，职业为杀手，并特地提到江湖上没有多少人见过他的真面目，甚至连性别都是一个谜，他用一种典型的亚文化方式介绍自己。他们写的段子当然是一种亚文化风格，尽管有可能他们什么也没有创造出来。按照西莉亚·卢瑞的观点，消费者在消费商品时，总是越来越强调“风格化”，以适应其社会地位和生活方式：作为一种消费模式，或者消费态度，“生活方式”是指通过选择特殊种类的商品，以及随之而来的按顾客要求制造商品或赋予商品个性，消费者试图展示其个性以及他们对风格的看法。这种活动被认为是重要的个人生活计划。作为具有特殊生活方式的群落的一员，个人能动地使用消费商品——服装、住宅、家具、室内装潢、汽车、假期、食品和饮料，以及诸如音乐、电影和艺术等文化商品——它们的使用方式代表了群落的品位和风格。“贱人俱乐部”就强调要有“原创性”，提倡“创造民间原创段子”，当然，更多的其实是对经典的一些篡改、重编和戏仿。例如，有一位就重新改写《水浒传》里的一些场景，如“贱人俱乐部”里的资深会员、原创段子达人李铁根的“段子”：“武松提了西门庆妻妾人头，直奔狮子楼而去。到店中见西门庆正在阁中吃酒，武松怒喝一声，把几颗血淋淋的人头朝西门庆脸上掼去。西门庆认得是武松，惊叫道：‘哎呀！我家里戒备森严，你如何杀得了我家小？’武松冷笑一声：‘门都关不上，还说戒备森严？’”这个段子只是对《水浒传》的一些情节进行了改写和戏仿。“贱人俱乐部”还组织网民参与“浪歌词大赛”活动，这个活动显然具有商业性，要求参赛的人用恶搞的方式对过去的一些老歌进行重编。例如，有人将《大海啊！故乡》这首中国著名歌曲改写为：“你问我要去向何方，我指着大海的方向，因为小时候妈妈对我讲，大海就是我故乡。”还有人将张雨生唱过的《大海》歌词改为：“如果大海能够带走我的哀愁，请你带走我的女友。”将彭丽媛唱过的歌改为：“一条大河波浪宽，一座大桥跨两岸，火车就在桥上开。”

通过在网络空间上的恶搞，这些亚文化群体建立了一种新的身份认同，他们在这里可以嬉笑怒骂，尽情抒发自己的情感。默克罗比在讨论欧美亚文化现象时，说到一个有趣的亚文化现象，在 20 世纪 60 年代美国青年亚文化中，一些富有的中产阶级青年人往往把自己打扮得“很穷”，而劳动阶层正好相反，“他们刻意追求精美的衣饰，以求摆脱社会底层的形象”。富人装穷，穷人装富，这是一种基于商业社会的亚文化策略，也是想通过消费来改变自己的形象和身份。

不过，在今天的新媒介消费语境中，消费者的角色变得比以往复杂得多。在过去，生产商和消费者的角色区别很明显，生产商就是生产商，消费者就是消费者。商品由生产商生产出来，然后经过商业化的渠道提供给消费者。但是今天的情况发生了很大变化，因为许多消费者其实在一定程度上也是生产者。我们在前面的章节里已经提到，青年亚文化群体往往是新媒介最早的一批追逐者和消费者，IPad、微博、3D 手机和各种网络新媒介的流行，都和青年群体的积极消费分不开。青年人往往最先、最早接触、购买和使用这些媒介商品，并借助于这些媒介商品创造出自己的娱乐和文化形态，而他们创造的文化又可能成为其他青年群体的消费品，然后越来越普及，甚至发展成为社会的主流文化，现在的青年群体许多时候既是消费者，又是生产者。

与其他新兴的青年亚文化一样，今天，在新媒介空间中大量恶搞文化的涌现，本身也是消费社会的一个产物，它们与商业紧密联系在一起。例如，网络上有一些恶搞文字、图片和视频实际上是为某一种产品做“无形广告”。互联网上有一段“男子骑哈雷摩托车玩飘”的恶搞视频，视频中一群飞车党城市青年正从闹市里疾驶而过，显得很潇洒，但不幸的是，其中有一位青年丢了丑，在疾驶的过程中不慎忽然摔倒，闹了个大洋相。这一段恶搞

玩酷的哈雷摩托车迷

视频特别注明了这一群青年男子是在骑“哈雷牌”摩托车，显然在有意突出这群青年所骑的摩托车，这是在给“哈雷牌”摩托车做“无形广告”。哈雷摩托车是美国生产的一种大排量、大油门的摩托车，这种型号的摩托车在20世纪60年代风靡美国，是嬉皮士一族放荡不羁、反叛社会的标志，所以美国有一大批“哈雷迷”。通过这一段视频，原来不知道哈雷摩托车的人，特别是青年人，立刻就会熟悉这款摩托车。因此，这一段恶搞视频中的“哈雷族”虽然还保持了早期嬉皮士的“酷型”，但早已失去了美国早期“哈雷族”的那种政治和文化反叛精神，青年人成群结队地骑哈雷摩托车，不是为了反抗社会，更多的是一种流行时尚，通过自己的座驾——哈雷摩托车来显示自己的身份。

恶搞与商业的结合在芙蓉姐姐、凤姐等人的身上体现得更明显，她们的搞笑形象是一种充满商业智慧的“恶搞产品”，一开始是由一群网络推手进行策划、推销，并为大众所熟知。尽管不少大众厌恶她们，但也有无数人追捧，并且成为这个产品的忠实消费者。芙蓉姐姐不仅是一个“网络红人”，有大批粉丝，而且她自己还成立了一个“北京芙蓉天下国际文化传媒有限公司”，她自己就是这个公司的招牌。人们在各种各样的媒介空间里看到的芙蓉姐姐、凤姐等形象，或许与她们本人真正的形象相差很远。芙蓉姐姐、凤姐也许很清楚，“作为商品的她们”与“生活中的她们”是两码事，在生活中，她们可能就是一个普通人，有着普通人的生活观念和价值标准，但是“作为商品的她们”就要标新立异，吸引消费者的眼光。她们只是利用了商业社会的各种规则，把握了消费社会时代的受众消费心理，以一种恶搞的形象取悦大众，并从大众那里攫取商业利益。

中产阶级趣味的恶搞

当代恶搞文化自然也有自己的消费趣味和价值观念，而且不同的消费群体对于恶搞文化的要求是不同的，而其中“消闲”和“快乐”是今天一些新兴社会群体特别明显的恶搞消费趣味。

“快乐至上”是许多恶搞者创造恶搞文字、图片和视频的初衷，消费者需要“消费快乐”，各种各样的恶搞文字、图片和视频让他们获得了一种愉悦感。因此“推销快乐”不仅成为许多网站的营销策略和宗旨，还是他们迎合消费时代大众心理需要的重要方式。新浪、搜狐、网易、优酷等网站都开设了“恶搞专辑”，通过收集、整理和创作一些恶搞的视频，向大众推销消费社会的“快乐理念”。“爆米花网站”“开心网”是与搞笑相关的视频网站，这些网站制定了详细的上传、下载和使用视频的规定，所有规定都被纳入到生产、流通和消费的流程中。不过，前面已指出，与工业化时代的商品生产和消费过程有所不同的是，在新媒介时代，消费者经常也是生产者，网站为广大网民提供了上传视频的渠道，网民可以下载和观看各种视频。在新浪微博中，这样的过程变得更加简洁，受众参与生产和传播的意识也更强。一些新浪受众甚至利用这样的渠道开展商业活动，“搞笑的话题”本身就成为他们营利和赚钱的重要目的：

(1) 热门微博，全面网罗！关注我，微博不再错过。美景、美食、笑话。让你全身心地放松。只为瞬间乐翻你～（内容源于网络 投稿请发微群）

——瞬间乐翻你

(2) 搜罗最搞笑最好玩的。关注我，获得每日新

鲜笑料！（欢迎合作，投稿）↖(^ω^)↗

——微博搞笑排行榜

(3) 每天分享新鲜新奇的创意、笑话、设计、发明、搞怪、玩意、酷玩！ 欢迎创意爱好者、笑话爱好者一起来互动 ！（微博合作 QQ：6486632）

——创意笑话

(4) 善于挖掘冷笑话，一个冷笑话就能走天涯。关注我，让你每天都快乐。合作 QQ191182132，投稿请发私信。

——诙谐冷笑话

(5) 牛顿第一定律：不给力就不发或者不转；牛顿第二定律：给力就多发；牛顿第三定律：我给你力的同时，你也得给我力！ 合作请联系 QQ553925650。

——给力小段子

(6) 关注我，就不会觉得开心离你太远；关注我，欢笑快乐将与你同在。累了就来笑一笑吧！ 生活其实很美的，有木有？（合作联系：1014202573）

——笑话有木有

从上面一些以搞笑为主题的微博可以看出，恶搞成了一种“创意商品”，许多人直言不讳地表露自己的商业企图，尽管这种商品并不是具体的实物，但大众在浏览这些恶搞的文字、图片和视频时，实际上就进入了体验、消费和再生产的过程。通过网络看搞笑文字、视频和图片，其实与花钱在电影院里看喜剧电影没什么两样，而且在今天，网民有了更多的途径参与到这种商品的生产和再生产中，他们可以通过与上述电话、QQ 号联系，将自己的一些关于笑话的创意兜售给他们，通过他们在微博上发布提供给更广泛的消费群体，商品的生产、消费和再生产就这样实现，这是一个关于搞笑的“生产流水线”。

消费总是与身份、地位和阶层以及生活习性密切关联，“消费是有区别的，它是我们对自身地位的要求以及对他人身份的拒斥。消费是能力的一种表现，它在符码、知识、技巧和差异（当代文化是由它们拼凑而成的）之间表现出能力。阶级之间及阶级内部的区别也是在能力展示的过程中表现出来的”[1]。在新媒介上的各种恶搞和搞笑的文字、图片和视频，往往也有特定的消费对象和消费群体，不少恶搞文字、图片和视频本身也是在培养和建构消费者的身份意识。

总的来说，今天网络空间里的大量关于恶搞的文字、图片和视频培养的多是一种中产阶级情调的青年消费者，这自然与今天的消费社会有关，大量需要这些恶搞文字、图片和视频的也是一群青年中产阶层。例如，在搜狐里的一段恶搞网络视频中，两位外国大学生模样的男青年分别扛着他们的女友，在一个环境优美的草坪上进行向前跑的比赛，但很搞笑的是，在奔跑的过程中，两位骑在男士肩膀上的性感漂亮的女友，连同他们的男友统统摔倒在地上，引起围观的朋友哈哈大笑[2]。从性别视角而言，这一段网络视频是男性和女性关系的再现或表征（representation），视频展现了两对外国青年男女之间浪漫的爱情生活，女性骑在了“男性的肩膀”上，仿佛意味着女性占据了优越地位，不过女青年还是要依靠男性（男朋友）向前进，男人是被压迫者同时又是根本的支柱，但更具有意味的是，作为支柱的男性却在前进中倒下，这一段视频恶搞的地方就在这里，男性和女性在此过程中都没有胜利。而在这里，我们更想说的是，这一段

〔1〕 罗杰·西尔弗斯通．电视与日常生活．陶庆梅，译．南京：江苏人民出版社，2004：172.

〔2〕 http://my.tv.sohu.com/u/pw/304829_3_1.

恶搞视频显然包含了对一种中产阶级消费和生活方式的态度。视频中的几对青年男女似乎正在度一个浪漫的周末，他们在都市美丽的大草坪上享受着美好时光，而不是在工厂或田地里辛苦劳作，周围过路的人也神情淡定，或锻炼身体，或踢足球，正在过一种富裕、悠闲的中产阶级生活。总之，这个视频展示了一群有悠闲时间、衣食无忧，并且能够消费得起大草坪的中产阶级的生活。这段恶搞视频通过展现一种中产阶级的闲暇生活，表达对这种中产阶级生活的态度。态度自然有点暧昧：一方面，这样的恶搞视频羡慕视频中的中产阶级青年男女的爱情生活，但另一方面，这段恶搞视频亦用一种恶搞方式嘲讽了中产阶级的生活情调。

"爆米花网"上一段恶搞视频更有意思。这段恶搞视频同样展示了一群中产阶级青年的浪漫生活：一个亚热带的沙滩上，一个全身赤裸的中年男子一边舞蹈一边卖他的烧烤，他的身边走过一群大概是在度假的穿比基尼的青年男女，这群青年男女因为烧烤男子的赤身裸体而遭到戏弄，但他们都没有生气，继而在沙滩上奔跑，然后转过来一起围着赤裸男子和烧烤摊载歌载舞。亚热带雨林、沙滩、烧烤和载歌载舞的比基尼男女构成了一幅中产阶级的休闲生活图景，这样的生活显然是惬意的，而且充满了情色诱惑。在这样的中产阶级的生活环境中，赤裸男子的恶搞也变得有趣，是中产阶级悠闲生活的一剂不错的"调味品"，他的存在更加说明了中产阶级生活的吸引力，既有美妙的沙滩风光，又有可口的美味和性感女郎，这一切都让你向往。视频借助于恶搞，勾勒了一幅中产阶级的浪漫生活图景。在不经意之中，这些视频就把中产阶级的生活方式和价值理念传输给受众。

以动物为主题的带有搞笑意味的图片和视频在今天的微博上也比比皆是。前面已举过一些例子，这些图片往往都营造和构建了一个舒适的环境，整洁的书房、客厅、办公室和草坪往往是动物搞笑表演的地方，而这一切也给观看视频的网民提供了一种消费意识，即在这样的环境中工作、学习和生活还不错。例如，在右面这张图片里，几只小狗憨态可掬，它们显然生活在一个优越的环境中，名为“互联网银行那些事”的微博主还用如下语言来介绍这几个宠物：

一位网民微博上晒出的“萌”态小狗

今天代表小编向大家说早安的是～～～～传说中最火爆最“萌”的偶像组合——“奥利奥”!!!!早安哦亲～记得吃早餐!! 奥利奥加牛奶也不错呢！（今天 08:32）[1]

商业和消费社会的力量是强大的，像芙蓉姐姐、凤姐这样的恶搞形象本身就是商业化的产物，网络上类似凤姐、芙蓉姐姐这样试图通过恶搞自我在网络上走红的事例不断出现。例如，2011 年 7 月 19 日，上海地铁 9 号线就出现了一名穿古装的女子，向路人乞求回 500 年前家乡的盘缠，一下子在网络空间里爆红，被网友称为“穿越女”，而这位女子不是精神出了问题，也不是在演电视剧，据说是为一家游戏公司进行商业炒作。

即便是一些具有强烈反叛色彩的恶搞文化，也难免受到商业因素的影响。许多恶搞文化带有的强烈商业目的不仅使其反叛色彩大大减弱，而且也引起了人们的反感，像上面这位“穿越女”，还有“面膜女”“咆哮女”，网络上类似的种种恶搞行为被网民批评为一种低劣的商业炒作手段。

〔1〕 http://www.weibo.com/socomo.

小　结

今天的大众文化，包括恶搞文化，与以往的各种文化一样，有着丰富多彩的内容和形式，既有仅仅为了快乐的恶搞，也有进行抗争的恶搞。许多恶搞文化，像詹姆逊所说的那样，同时包含了意识形态和乌托邦的层面：一方面，它们没有，也不可能完全摆脱主流意识形态和商业对它们的影响，主流意识形态和商业在不知不觉之间，就深入到这些恶搞文化之中；另一方面，不少恶搞文化也有自己的"乌托邦梦想"，渴望建立民主、自由和平等的世界，他们通过恶搞，嘲笑了那些强加在大众身上的等级观念。

不过，当代恶搞文化的困境在于，虽然借助于新媒介，大众得到了更多的言论空间，他们可以通过恶搞嘲讽、颠覆和消解权威，通过恶搞，在一定程度上建立属于自己的文化风格和文化空间。但是，他们并没有一个清晰的近景和远景目标，他们竭力通过恶搞颠覆和瓦解过去的世界，却没有能力建立一个光明的"新世界"。不仅如此，在随意的恶搞行为中，他们甚至丧失了认同的能力。他们陷入了一个惶恐的世界中，不知道自己该怎么办，他们既不想回到令人厌恶的"过去"，又没有一个让他们感到满意的"未来"。主流意识形态和商业的迅速侵入，又很快让他们的反抗变了调，变成了一种徒有其表的仪式抵抗。在新媒介语境之下，恶搞以及其当代的亚文化，如何在拆解和反叛过去文化的过程中，形成具有一定深度和宽度的亚文化风格，建构一个比较符合未来发展的新世界。这恐怕是许多恶搞文化的炮制者应该思考的话题，因为反叛并不是亚文化的最终目标，反叛的目的是消除、瓦解社会和文化里面的不合理因素，最终的目标是建构一个符合多数人利益的社会结构和文化形态。

主要参考文献

1. 丹尼尔·贝尔.资本主义文化矛盾.赵一凡,蒲隆,任晓晋,译.北京:三联书店,1989.

2. 迈克尔·布雷克.越轨青年文化比较.岳西宽,等,译.北京:北京理工大学出版社,1989.

3. 詹明信.晚期资本主义的文化逻辑.张旭东,等,译.北京:三联书店,1997.

4. 罗兰·巴特.神话:大众文化的诠释.许蔷薇,许绮玲,译.上海:上海人民出版社,1999.

5. 约翰·费斯克.理解大众文化.王晓珏,宋伟杰,译.北京:中央编译出版社,2001.

6. 约翰·菲斯克.解读大众文化.杨全强,译.南京:南京大学出版社,2001.

7. 安吉拉·默克罗比.后现代主义与大众文化.田晓菲,译.北京:中央编译出版社,2001.

8. 曼纽尔·卡斯特.网络社会的崛起.夏铸九,王志弘,等,译.北京:社会科学文献出版社,2001.

9. 王逢振.俗文化透视.天津:天津社会科学院出版社,2002.

10. 道格拉斯·凯尔纳.媒体奇观——当代美国社会文化透视.史安斌,译.北京:清华大学出版社,2003.

11. 西亚·卢瑞.消费文化.张萍,译.南京:南京大学出版社,2003.

12. 卡瓦拉罗.文化理论关键词.张生,张卫东,赵顺宏,译.南京:江苏人民出版社,2005.

13. 三浦展.下流社会——一个新社会阶层的出现.上海:文汇出版社,2007.

14. 迪克·赫伯迪格.亚文化:风格的意义.北京:北京大学出版社,2009.

15. 文森特·莫斯可.数字化崇拜:迷思、权力和赛博空间.黄典林,译.曹进,校.北京:北京大学出版社,2010.

16. 陶东风,胡疆峰.亚文化读本.北京:北京大学出版社,2011.

17. 蓝爱国.网络恶搞文化.北京:中国文史哲出版社,2007.

18. 陆扬.文化研究概论.上海:复旦大学出版社,2008.

19. Brian Longhurst, Greg Smith, Gaynor Bagnall, Garry Crawford, Scott McCracken, Elaine Baldwin, Miles Ogborn. *Introducing Cultural Studies*.北京:北京大学出版社,2005.

20. Stuart Hall. *Representation*. CA: Sage, 1997.

21. *New media & sociaty*, 2007,9(1).

22. Jostein Gripsrud. *Understanding Media Culture*. Now York: Oxford University Press,1999.

23. James Curran, David Morley. *Media and Cultural Theory*. New York: Routledge, 2006.

24. Yuezhi Zhao. *Communicaition in China*. Maryland: Rowman & Littlefield,2008.

新媒介与恶搞文化大事记

1. 1919年,马塞尔·杜尚画了若干幅恶搞达芬奇《蒙娜丽莎》的画作,他竭尽恶搞之能事,用铅笔给蒙娜丽莎增加了各种式样的小胡子,开启了现代恶搞艺术之风。

2. 20世纪60年代,美国和欧洲掀起了反文化思潮,恶搞艺术成为许多先锋艺术家反叛社会的一种方式。1967年,米奇兰格罗·皮斯拖莱特的《破布的维纳斯》将罗马著名雕塑维纳斯与一堆被丢弃的破烂衣服组织在一起,形成了一种具有强烈恶搞和反讽意味的行为艺术。

3. 在我国20世纪80年代中期的"新思潮运动"中,徐冰、吴山专、耿建翌、王德仁、张培力、张晓刚、王广义、方力钧等人受到西方文化的影响,经常用恶搞的行为艺术表达对传统文化的反叛。刘溢的《拉链》(布上丙烯)展现了一个赤裸女性的下体,而女性的阴部竟然被安装了一条拉链;王德仁的行为艺术《抛撒避孕套》表现的是一群青年正在随地乱扔避孕套,引起了广泛的社会争议。

4. 1994年,由中国香港导演刘镇伟导演,周星驰、朱茵等人主演的《大话西游》上映,开启了"无厘头电影"的风潮,也开启了"大话时代",以后中国香港、台湾地区和祖国大陆的许多恶搞都受到这部电影的深刻影响,《大话西游》逐渐成为一部经典的"无厘头电影"。

5. 2001年前后,由中央电视台新闻评论部、北京电视台的卢小宝分别制作的"《大史记》三部曲"在网上流行,《大史记》本来是在央视、北京电视台内部流传的,后来因泄露而在网络空间里走红，几部片子通过重新剪辑、拼贴的方式，对一些经典电影进行了恶搞。

6. 2003 年，网民将上海的一位初中胖胖男生歪头斜视的照片上传到网络空间，照片引起了网友的追捧，网民将其形象拼贴到蒙娜丽莎、《泰坦尼克号》主人公等人物形象的身上，引发了在新媒介语境下第一次全民 PS 恶搞的潮流。这位初中生也因此在网上走红，被称为“网络小胖”。

7. 2004 年前后，网络拍客将一位名为“芙蓉姐姐”的女人的照片上传到清华大学的校园网站水木清华、北京大学的校园网站北大未名和猫扑等网站上，芙蓉姐姐迅速走红，成为网络空间里的一个著名恶搞形象。从此，各种各样的网络恶搞形象不断产生，犀利哥、凤姐等都以同样的方式而成为著名的网络恶搞形象。

8. 2006 年，由一位青年电子音乐人胡戈制作的恶搞视频《一个馒头引发的血案》在网络空间里迅速走红。这部视频恶搞了 2005 年上映的由大导演陈凯歌导演的电影《无极》，引发了网络视频恶搞的风潮，网络恶搞从 PS、Flash 时代过渡到视频短片时代。在《一个馒头引发的血案》之后，恶搞张艺谋电影《英雄》、恶搞《红楼梦》《西游记》等的视频短片大量涌现，充斥了新媒介网络空间。

9. 2006 年，女诗人赵丽华发表的一组诗歌在网络上引起广泛争议，她的诗歌因为粗俗直白，被网民称为“梨花体”，随后“知音体”“蜜糖体”“丹丹体”以及其他各种恶搞的语言、文体和句法在网络上流行。

10. 2010 年被称为“微博年”，这一年微博人数过亿，恶搞文化开始了全民化和普遍化，成为青年大众的一种日常生活态度，甚至生活方式的一部分。“亲”“给力”“拍砖”等新词语和新文体层出不穷地涌现，新浪微博中出现了大量专门以恶搞为专题的微博，网易则推出了“贱人俱乐部”，新媒介与恶搞文化紧密地结合在一起，改变着人们对世界的认识。

后记

写作向来不是一件轻松的事。这本关于新媒介恶搞亚文化的小册子，写得很艰难。虽然我一直从事媒介文化理论的研究，关注都市大众文化现象，但对于恶搞文化并不是很了解，在没有认真接触之前，我也认为各种恶搞现象不值得一提，没有研究价值。不过，当我接触了一点恶搞亚文化并对其文本进行考察时，我改变了看法，觉得不应该以一种简单的思维去评判它。今天我们的文化环境已经发生了很大的变化，但是许多人对新兴的文化却一无所知，他们对这些新兴文化不屑一顾，这种状况是否也应该改变呢？

为了更好地考察恶搞文化和其他亚文化现象，我们这个学术团队开展了多次学术沙龙。在一次星期三晚上举行的学术沙龙上，陈霖老师、马中红老师、陈一老师，还有我以及十几位研究生，围绕着恶搞青年亚文化现象展开了热烈讨论，这次对话和讨论对我启发很大。钱毓蓓等几位学生在我指导下拿到了一个关于恶搞亚文化的校级重点研究课题，我与她们进行了多次小组讨论，通过她们我对当代青年人对于恶搞文化的态度有了更深的认识。她们还围绕着项目，采用问卷调查和深度访谈的方法，对苏州、南京等地的高校大学生进行了恶搞文化的受众调查，得到了一些很切实的数据。她们的调查加深了我对“90后”大学生的认识，使我了解了恶搞文化在“90后”大学生群体中如此盛行的一些深层原因。第五部分“给力？不给力？”的写作得到了钱毓蓓的帮助，是她提供了关于《搞笑漫画日和》的调查数据。上个学期结束时，我给所上课的班级布置了一份谈对恶搞文化看法的作业，学生们各抒己见，许多看法对我启发很大。我的研究生李立在第二部分给了我很大帮助，这是我们俩合作的结果。蔡兰君、汪梦竹、史轶男、闵洁、卜令娴、苏娇等学生仔细地帮我进行校对，发现了不少文字的瑕疵，在这里，对她们深表谢意。

不过，许多问题未能更深入地展开，比如恶搞文化的跨文本问题，恶搞文化与商业的关系，特别是从个人和社会心理的视野去思考恶搞文化，仍然是有待深入的领域。限于笔者在心理学知识方面的匮乏，未能就此做更深入的探究。书稿还没有完成时，我受到了澳门大学邀请，到澳门大学人文学院访学半年，澳门之旅影响了书稿进度，幸好澳门大学图书馆和人文学院提供了良好的学术环境，让我得以安心学习和写作。

感谢妻子和母亲，她们为我付出很多，一直默默支持我的学业，可清贫的学术事业却让我无以回报她们。女儿一日一日长大，希望她永远开心、快乐。由于写作时间仓促，尽管反复校对，书中肯定还有不少错漏之处，欢迎各位方家和读者批评指正。

2011 年 8 月于苏州，2011 年 10 月于澳门